OECD

中国经济调查(2019年)

OECD 著

东北财经大学出版社　大连
Dongbei University of Finance & Economics Press

辽宁省版权局著作权合同登记号：06-2019-222

Originally published by the OECD in English under the title：*OECD Economic Surveys：China 2019*

Ⓒ2019 OECD

Ⓒ2020 Dongbei University of Finance and Economics Press for this Chinese edition

图书在版编目（CIP）数据

OECD中国经济调查（2019年）/ OECD著. 一大连：东北财经大学出版社，2020.4
ISBN 978-7-5654-3813-4

Ⅰ．O… Ⅱ．O… Ⅲ．中国经济–经济发展–调查报告–2019 Ⅳ．F124

中国版本图书馆CIP数据核字〔2020〕第051286号

东北财经大学出版社出版发行

大连市黑石礁尖山街217号 邮政编码 116025
网 址：http：//www.dufep.cn
读者信箱：dufep @ dufe.edu.cn

大连图腾彩色印刷有限公司印刷

幅面尺寸：170mm×240mm 字数：120千字 印张：9.75
2020年4月第1版 2020年4月第1次印刷
责任编辑：李 季 吉 扬 责任校对：扬 威
封面设计：原 皓 版式设计：原 皓
定价：46.00元

教学支持 售后服务 联系电话：（0411）84710309
版权所有 侵权必究 举报电话：（0411）84710523
如有印装质量问题，请联系营销部：（0411）84710711

致 谢

经济合作与发展组织（OECD）每两年出版一期"中国经济调查"（Economic Survey of China）报告。本期报告主要回顾2017—2018年中国经济发展情况，对宏观经济的基本面、产品和劳动力市场、区域发展不均衡等问题进行了深入研究。报告由Margit Molnar主笔，Patrick Lenain负责统筹管理。严婷、李雨纱、史依颖、Assaf Geva、陈智浩和徐然对报告亦有贡献。Hyunjeong Hwang和Stephanie Henry分别提供了数据和编辑支持。本期经济调查于2019年1月14日经OECD经济和发展评估委员会（EDRC）讨论通过，并于2019年4月在北京正式发布。

本期报告得到了中方合作伙伴——国家信息中心的大力支持。在此，特别感谢国家发展改革委员会副秘书长程晓波，国家信息中心副主任张学颖、综合管理部主任肖秀莉和副主任周毅仁的指导和帮助。综合管理部国际合作处处长李陶亚及其同事徐航、黄柯成为报告定稿和出版事宜提供了重要支持。此外，对本期报告起草过程中提供意见和建议的各方表示感谢，包括中财办、国家发改委、财政部、人社部、商务部、中国人民银行、国家市场监督管理总局、国家统计局以及在调研中给予大力支持的黑龙江省和四川省有关部门。

目　录

第 1 章

概　览

1.1　经济增长放缓，消费和服务保持再平衡

尽管经济增长放缓，中国仍在继续追赶 OECD 经济体。尽管诸如适龄工作人口减少等结构性因素导致经济增长有所放缓，但根据国际标准，中国经济增长依旧强劲，如图 1-1 所示。中国贡献了约全世界 1/4 的经济增长。依托稳健的消费增长，经济持续再平衡。然而，中国经济依然面临困难和挑战，尤其是总体债务水平高企，超过了许多 OECD 经济体。

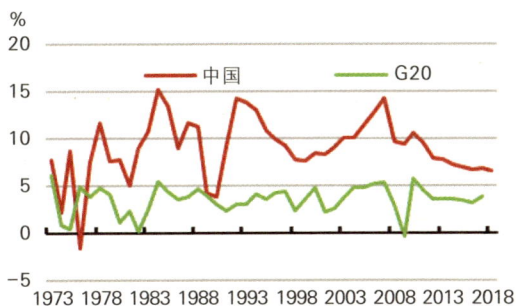

图 1-1　中国与 G20 的实际 GDP 增速

来源：OECD 经济展望 104 数据库。

消费由低失业率和稳步增加的收入支撑。家庭开支更多用于电子商务和

共享服务等项目。劳动力已经连续多年缩减，反映出人口老龄化问题，劳动力短缺使得工资增长迅速，尤其是在大型内陆城市，如图1-2所示。

图1-2　2014—2018年求人倍率情况

来源：CEIC数据库。

增长疲弱源于投资放缓。一些行业产能过剩，影响商业投资。政府收紧房地产抵押政策是大城市房价趋于平稳和房地产投资下降的重要原因之一。地方政府的借贷行为得到控制，也使得基础设施投资放缓。为便于更好地评估，投资和其他国民经济核算基础数据应根据国际标准，定期按不变价公布。

持续的贸易摩擦和全球经济疲弱造成出口放缓并引发不确定性。贸易关税的影响主要集中在加工业以及其他出口导向型和进口依赖度较高的行业。中小型企业受到的影响更大。这些不确定性导致2018年股价迅速下跌，此后部分回升。中国出口厂商面临进口关税进一步提高的风险，由此将对生产活动、就业和企业预期利润产生影响。刺激措施旨在维持2019—2020年的经济增长。面对国内需求减弱和出口订单减少的局面，政府已寻求通过减税、放宽信贷条件和加大基础设施投资等措施来刺激增长。刺激措施有可能再次增加企业部门的债务，从而导致去杠杆取得的进展被逆转。

　　货币政策会更加宽松以支持国内需求。仍被广泛使用的目标政策工具寻求更多流动性的注入，但政策效果会受到影子银行收紧的不利影响。货币政策应该使用更加市场化的工具。央行应逐步向浮动汇率机制转型，并探索在中期建立通胀目标框架（见表1-1）。

表1-1　　　　　　　　　　　宏观经济指标一览表

年	2017	2018	2019	2020
实际GDP增速（%）	6.8	6.6	6.2	6.0
货物和服务出口增速（%）	11.0	5.1	3.9	4.6
货物和服务进口增速（%）	6.9	9.4	5.6	4.5
GDP平减指数（%）	3.8	2.9	2.2	2.1
消费者物价指数（%）	1.6	2.1	3.0	3.0
贸易条件指数（%）	−6.8	−2.7	−0.5	−0.6
财政收支占GDP的比重				
广义（%）	−3.1	−3.1	3.3	−3.6
狭义（官方）（%）	−2.9	−4.2	−3.1	−3.2
经常账户盈余占GDP的比重（%）	1.4	0.2	−0.1	−0.2

来源：CEIC数据库和OECD预测。

　　过高的杠杆率和企业不可持续的债务水平带来金融风险。企业债务高于其他主要经济体，尽管在其他国家被计为政府债务的由地方政府融资平台引起的城投债也被计入企业债务范畴，如图1-3所示。基础设施投资刺激会在短期内提振经济，但是也会加剧不平衡和资本错配，从而导致中期增速放缓。一些地方政府深陷债务泥潭，因此，地方政府的债务限额也应考虑地方政府的偿债能力。

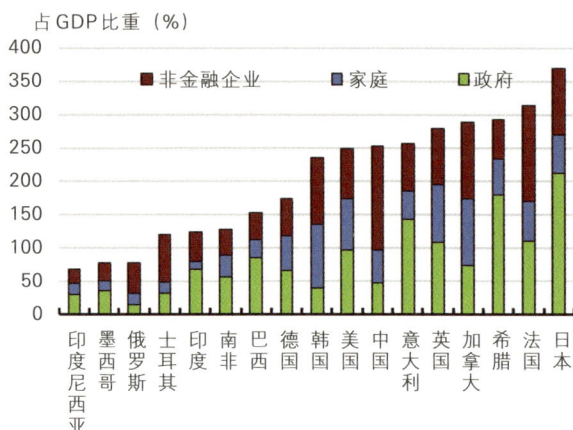

图1-3　2018年第三季度中国总体债务高企

来源：国际清算银行数据库。

　　数字化快速扩张，但也引发担忧。数字化带来跨越式发展的机遇，中国企业和政策制定者迅速抓住了这一机遇。中国在电子商务、线上支付和共享经济方面已经领先全球。但监管滞后于共享经济的扩张，引发环境和安全担忧。不断加剧的数字化差距需要弥合。为使更多人从数字化中收益，需要提高人民的文化水平和计算机技能，提供可负担的全国互联网服务（如图1-4所示）。

　　增长红利需要更平等分配。过去十年增长的红利被广泛地分享，但还需进一步努力。个人所得税在再分配方面只发挥了很小的作用，如图1-5所示。政府应该通过扩大税基来加强税收体系的再分配能力，取消强制缴纳的

占GDP比重（%）

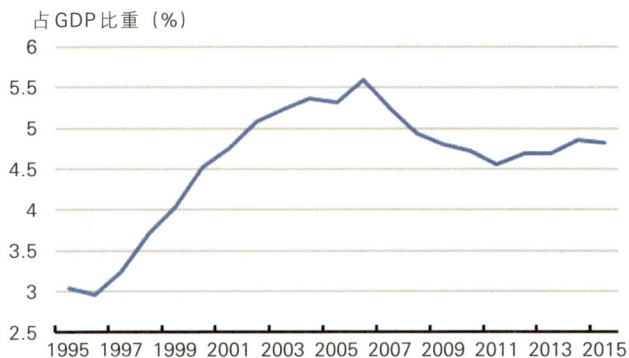

图 1-4　互联网通信技术附加值占 GDP 比重

来源：欧洲委员会 2018 年预测数据库。

社保最低额，这会减轻低收入者的负担。政府应该提高退休年龄以便养老金体系可以持续。转移性收入体系，包括最低生活保障（低保）应该更加精准，从而更好地实现再分配。

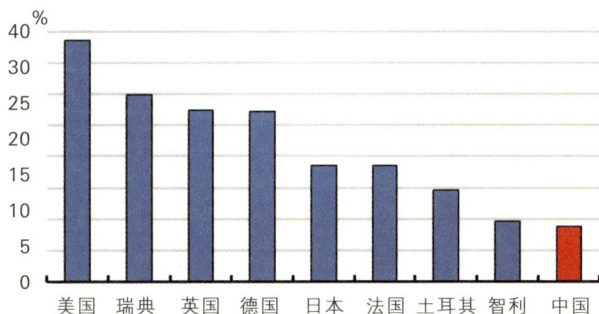

图 1-5　2016 年不同国家个人所得税占总税收比例

来源：CEIC 数据库和 OECD 收入数据库。

污染正在严重危害人类生命。政府应该通过提高环境税、处罚污染者、增加污染处理设备投资来降低污染的危害水平。其中一项当务之急就是停止建设新的燃煤发电厂。

1.2 内部壁垒阻碍了产品的市场竞争和劳动力的流动

地方政府的保护措施阻止了外部企业的进入，对外部企业的区别对待降低了效率。地方政府给予地方企业垄断的权力。指定服务供应商或者企业必须在当地注册，且在当地有运营经验的要求限制了其从广阔的国内市场受益的机会。法规和其他政策性文件措辞含糊，给自由裁量执法留下了空间，如图1-6所示。

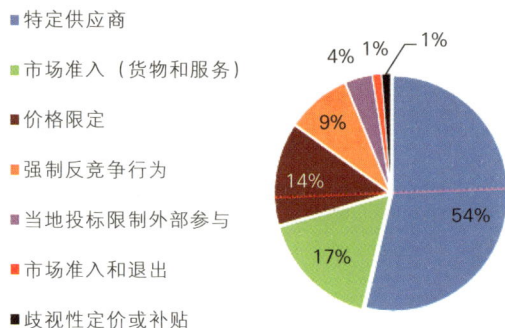

图例：
- 特定供应商
- 市场准入（货物和服务）
- 价格限定
- 强制反竞争行为
- 当地投标限制外部参与
- 市场准入和退出
- 歧视性定价或补贴

饼图数值：54%、17%、14%、9%、4%、1%、1%

图1-6 2014—2017年地方保护常见形式

来源：国家发改委价格监督检查与反垄断局。

公共服务的可及性和质量取决于一户家庭的户籍或户口。高质量公共服务的可及性在地区间和城乡间差异巨大。随着人口老龄化和城乡收入差距缩小，流动人口增长率逐渐放缓，如图1-7所示。政府应该取消高质量服务与户口挂钩的机制，全国应该确保最低服务质量，以支持更具包容性的发展；应该为所有人，特别是高水平的教师和医务人员，提供更加公平的机会以获取优质公共资源。

同比%

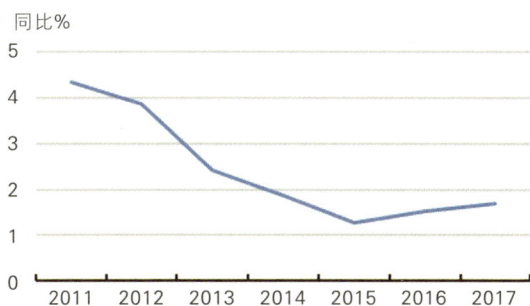

图1-7 流动人口增长率逐渐放缓

来源：国家统计局。

因为地区差异巨大，创造一个统一的产品和劳动力市场在起步时期可能需要更多的再分配。从长远来看，一个单一市场会降低交易成本，但可能短期内会带来更高的转型成本。作为公共管理最低等级的县负责提供教育、医疗卫生和其他公共服务。严重依靠财政转移支付的县，很难负担无财权的事权。中央应该加大事权支出，尤其是教育和医疗卫生的支出，在全国范围内确保最低的公共服务质量（如图1-8所示）。

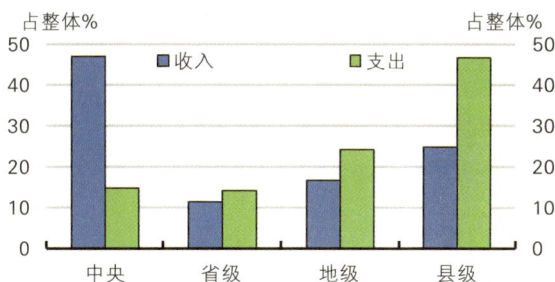

图1-8 2017年本级财政收入和支出

来源：财政部。

表1-2 总结了中国在宏观经济发展中的政策挑战与关键建议。

表 1-2   政策挑战与关键建议

政策挑战	关键建议
宏观经济政策支持和金融稳定性	
经济放缓，宏观经济政策的刺激力度也在不断加大。企业债务高企，而地方政府的财政收入捉襟见肘	避免将直接向国有企业和地方政府放贷作为财政刺激政策的一部分
在许多省份，地方政府公共债务超过其年度总收入，一些地方严重入不敷出	将债务上限与地方政府收入挂钩
汇率可根据前一日收盘价、隔夜一篮子货币和逆周期因子的波动在2%区间内浮动	探索提高汇率灵活性的步骤，首先要推动汇率形成机制透明化
在过去的15年中，货币政策制定似乎更加重视通货膨胀	考虑在中期内转向一个明确的通胀目标制的货币体系，包括机构间任务的重新分配
提高经济效率	
2018年一系列普通进口关税减免措施整体上降低了平均的关税水平，但是贸易壁垒，特别是非关税壁垒仍然存在	继续降低进口关税，消除非关税壁垒
对外国企业的商业行为仍存在名目繁多的市场准入壁垒和限制，外国企业受到歧视，竞争仍不公平。最近宣布对外国企业准入限制的放松旨在便利外国企业进入中国市场	消除对外国企业准入和行为的限制，特别是要求成立合资企业或进行技术转移 公共采购应更加透明，向所有企业开放
知识产权侵权现象阻碍了创新和外国科技公司的进入	通过系统性地处理侵权者和提高罚金来加强知识产权保护

政策挑战	关键建议
尽管政府努力打击腐败行为，腐败仍未完全消除	加强透明度和问责制，减少管理者手中的权力集中现象。中国应加入《反腐败公约》
中国对海外的直接投资迅速增加，基础设施项目可能对一些国家造成沉重的债务负担	中国应遵循《OECD国际投资和跨国公司宣言》的原则，中国在海外运营的公司应遵守《OECD关于跨国企业经营指导意见》 基础设施项目应进行充分的成本效益分析、受惠国偿债能力和债务可持续性的分析
由于缺乏国际可比的、公开的关键数据，我们很难跟踪真实经济运行情况。类似地，不完整的、滞后的财政数据也影响了财政政策评估。海外子公司信息的缺乏也会妨碍类似的评估	提高基本的国民经济核算数据以及公共财政数据的发布质量，扩大其覆盖范围，并遵循国际标准。数据也应定期以不变价公布
国企和其他公共实体享受隐性担保和其他形式的特惠待遇，导致企业债务高企、信贷分配扭曲和一些工业部门的产能过剩	通过允许违约，逐步减少对国企和其他公共实体的隐性担保。在处理国企问题时，采取竞争中立原则
国企在很多领域占有大量市场份额	减少商业类、非战略类行业的国有持股比例
提供公平的机会	
在主要公共服务领域，例如教育和医疗卫生领域，高质量的资源高度集中在大城市。公共服务的可及性与户口挂钩	更加公平地分配高质量教育和医疗资源，减少向超大型城市流动的激励。逐渐放松对非户籍人员获取公共服务的限制，将公共服务与户口脱钩

政策挑战	关键建议
县级政府负责教育、医疗卫生和其他关键公共服务，但大量依靠财政转移，面临着有事权无财权的问题	中央应加大事权支出，尤其是教育和医疗卫生的支出
社保缴纳对于低收入群体负担沉重，因为低收入者需要按照平均工资的60%进行缴纳，而高收入者不论收入多少，只按照平均工资的三倍缴纳	取消社保缴纳的下限，提高上限
收入差距和财富差距大。需要缴纳个人所得税的人很少。社会救助项目的再分配影响可以忽略不计	扩大个税税基，采取累进税率。引入房地产税和遗产税等定期征收的税种 社会救助项目更精准地帮助有需要的群体
绿色增长	
污染对人类生命造成了严重影响。环境数据造假或检测设施被人为操控的现象频发	更加严格地执行法规，提高对污染者的处罚，增加环境税，特别是对于化石燃料征税。停止燃煤发电厂的建设
对于环境污染治理的投资出现停滞，农村地区清洁设备的可及性受限	增加对污染处理设备和环境基础设施，特别是城市污水处理和环境无害型农村卫生设施的投资

第 2 章

宏观经济和包容性增长面临的挑战

2.1　经济仍保持增长，但出现放缓迹象

中国的"新时代"以强劲增长为开端，2020 年人均 GDP 有可能达到 2010 年的两倍（如图 2-1 所示），从而对世界经济的增长做出较大贡献。根据到 2030 年的长期增长假设情景，中国对世界经济的增长贡献将超过 OECD 国家（Guillemette and Turner，2018）。到 2030 年，中国占世界产出比重将高达 27%。近几年，对增长质量而非增长速度的强调，已经取得了初步的成功。同时，政府加大了对国内消费的刺激，以避免宏观经济失衡进一步恶化。最近，随着贸易摩擦的不断升级，中国经济下行压力增大，这将促使政府快速行动，采取更多刺激措施来支撑经济增长。

中国经济仍处于再平衡中，服务和消费持续拉动增长（如图 2-2 所示）。此外，在服务业领域，金融服务不再一枝独秀，其他商业服务亦表现不俗。2016 年营业税改增值税支持了服务的外包和服务业的总体发展，因为可以对中间投入产生的增值税进行退税。政府应该进一步为民营企业及外企提供公平竞争的环境，以促进服务业的进一步发展，并取消诸如阻止外地企业的进入或退出、在定价或本地招标采购中歧视外地企业等地方保护措施。政府对服务贸易应该进一步放宽限制，特别是那些支撑全球价值链的服务，如交通、物流和计算机服务。

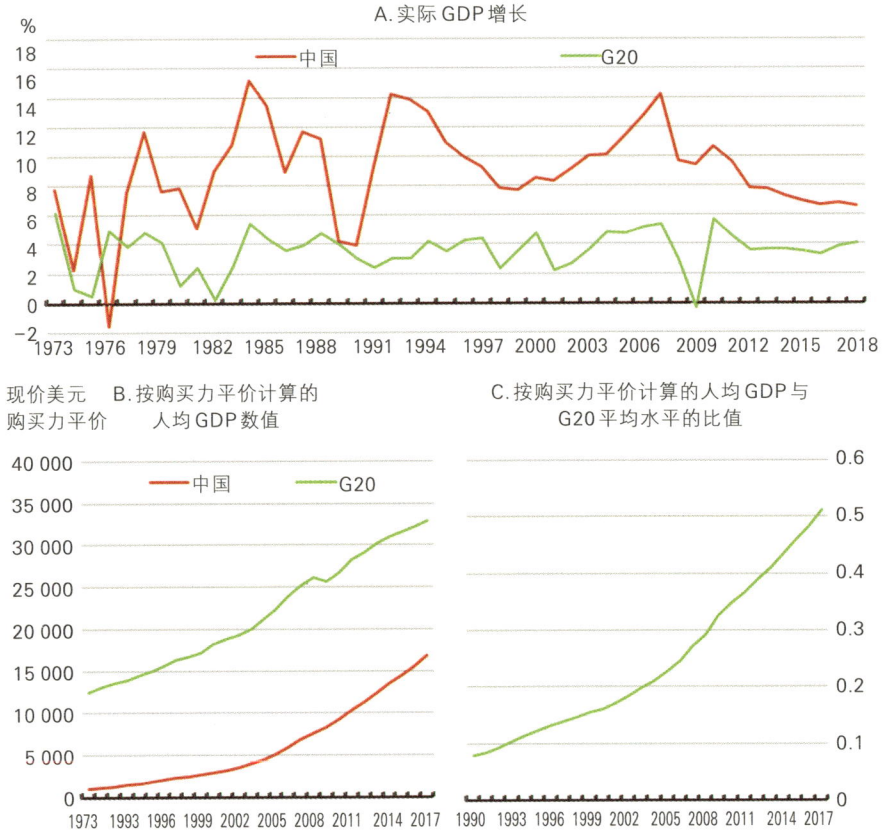

A.实际GDP增长

B.按购买力平价计算的人均GDP数值

C.按购买力平价计算的人均GDP与G20平均水平的比值

图2-1　尽管增长放缓，中国仍继续向OECD国家靠拢

来源：OECD经济展望数据库和世界银行国际比较项目数据库。

在最近几十年，消费一直稳定地推动经济增长。最近消费势头强劲体现在电子商务和共享服务方面。创造的大量就业岗位和稳定的收入增长支持了消费增速。然而，为了巩固消费拉动增长的作用，政府需要进行更多的结构性改革。城市化和取消户口限制可以在2020年拉动11%的消费（Molnar et al.，2017）。由于缺少需求侧和供给侧更为详细的细分数据，我们对此无法

A.拉动经济增长的因素（供给侧）

B.拉动经济增长的因素（需求侧）

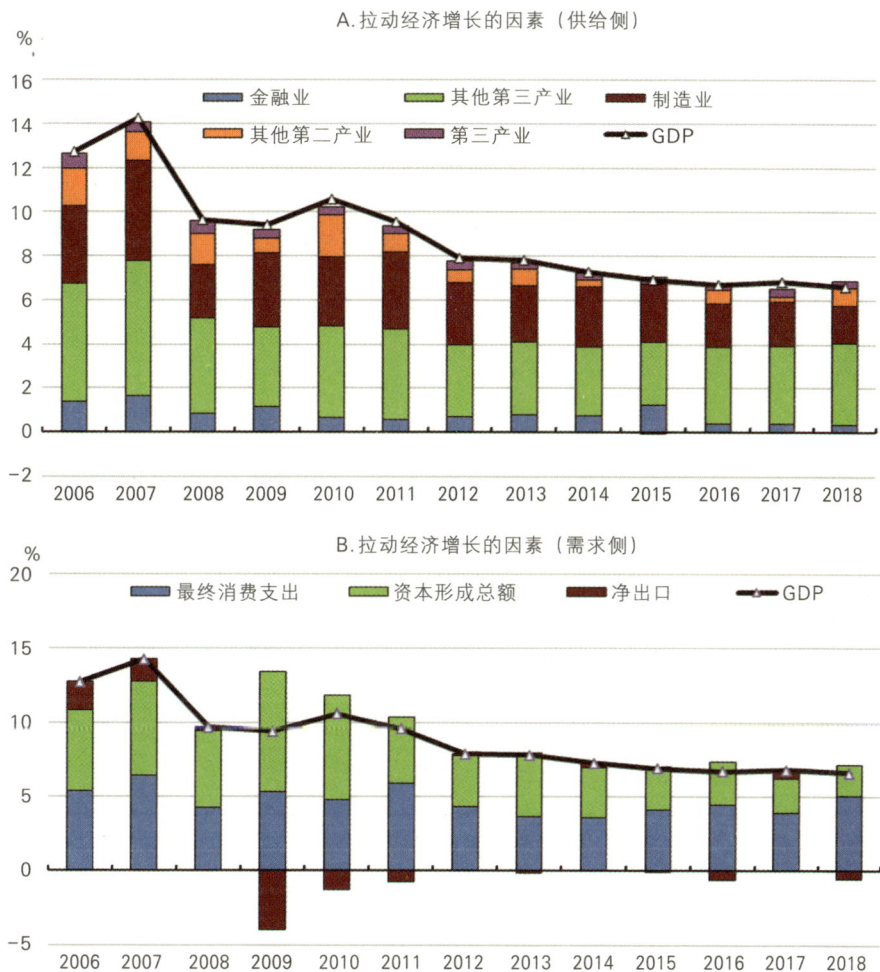

图2-2　增长日益由消费和服务拉动

来源：CEIC数据库和《2018中国统计年鉴》。

注：对于其他第二产业，使用了第二产业缩减指数；对于其他第三产业，使用了第三产业缩减指数。对于制造业，2015年前数据使用的是制造业生产者价格指数（PPI）。

开展更为具体的分析。基础的国民经济核算数据应定期、按不变价公布。此外，统计数据应根据国际标准进行公布。

城市失业率低，求人倍率高，特别是在一些大型的内陆城市，如成都和郑州，这种现象尤为明显（如图2-3所示）。2018年股价下跌（如图2-4所示）的财富效应有限，因为股票只占家庭财富中的一小部分，前期的股市暴跌对消费者支出也没有明显影响。此外，2019年初的股票价格已经部分回升。包括个人所得税和增值税在内的减税措施也同样旨在拉动消费。

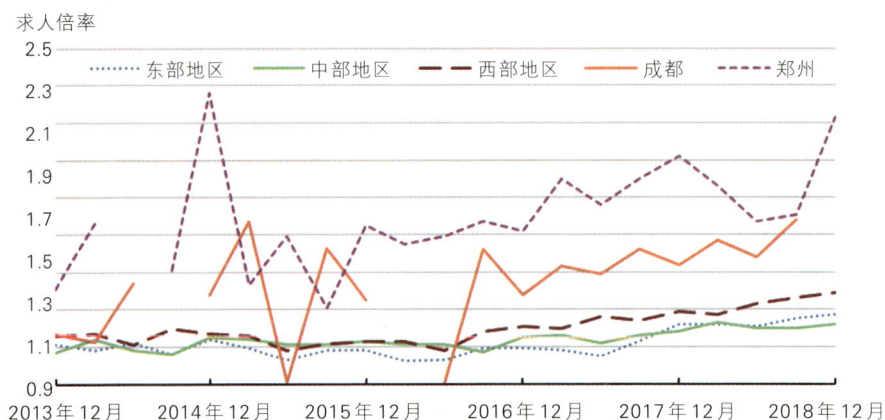

求人倍率

图2-3　一些内陆城市求人倍率高

来源：人力资源和社会保障部《中国城市劳动力调查》。

注：比例大于1表示相应类别的工作岗位多于求职者数量。

从十年前开始，投资就开始逐步放缓，这是造成经济减速的主要原因。从20世纪90年代开始，过剩产能问题变得愈发严重，使相关行业的企业投资受到较大影响。房地产投资的兴旺和个别的大型基建项目被取消，都会在一段时间产生影响。投资减速呈现出地区间的不均衡（如图2-5所示），总

2010年1月=100

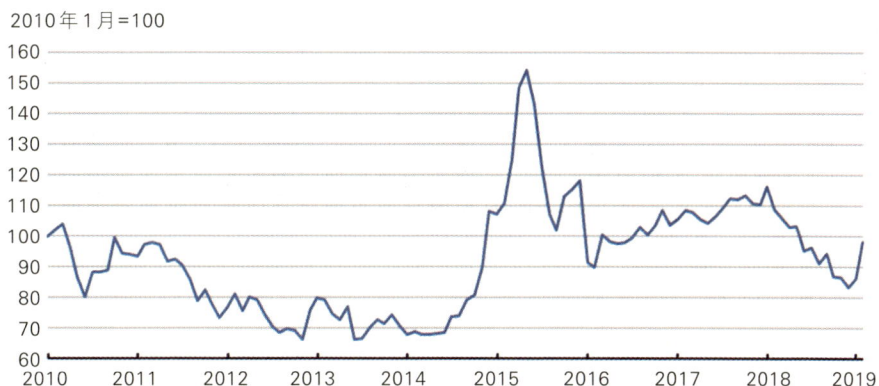

图2-4 股价有所回升

来源：CEIC数据库。

注：上证综合指数（2010年1月=100）。

体上，投资驱动增长模式的省份，如吉林、辽宁、内蒙古、河北和天津，投资放缓明显（Li et al.，2018）。相比之下，出口导向型的省份，如广东、江苏和浙江，投资得以维持，而一些欠发达的中西部省份，如贵州、江西，则保持了双位数的投资增速和超过平均值的经济增速。

去产能持续进行，但因为数十年的投资错配，缓解产能过剩问题可能需要更多的时间。从2017年起，以去产能为目标的行业由钢和煤扩展到了燃煤发电厂、铝和其他行业（见表2-1）。关停小规模、低效率或重污染的工厂取得了些许进展，效率得到提高，污染得到控制，但与此同时新产能不断增加，因此部分抵消了去产能的影响。在钢铁过剩产能全球论坛上，中国作为成员国应更加积极地参与多边对话。

2014—2017年平均复合增长率

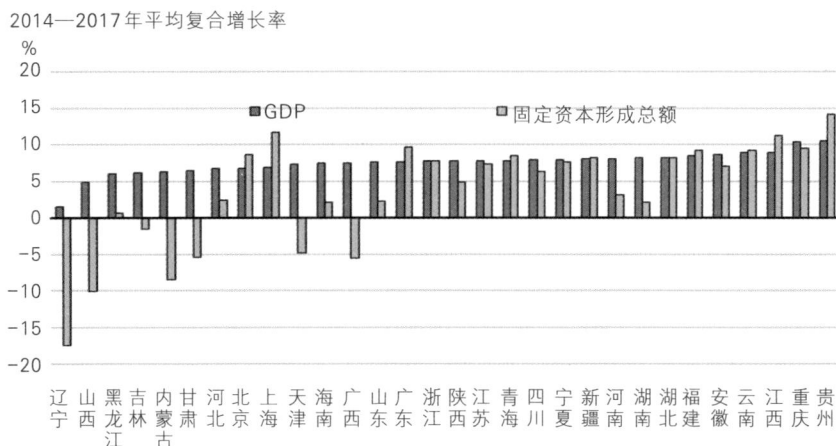

图2-5 增长和投资放缓在各地理区间呈现不均衡的态势

来源：OECD根据国家统计局的数据计算得出。

注：GDP和固定资本形成总额为不变价口径。不变价的固定资本形成总额通过使用各省固定资产投资缩减指数的名义数据计算得来。西藏没有可用的缩减指数，因此取全国平均值。

表2-1   逐渐淘汰过剩产能

	钢	煤	火力发电	电解铝
2016—2020年要减少的产能	150百万吨	800百万吨	20兆千瓦	/
2017年要减少的产能	50百万吨	150百万吨	50兆千瓦	/
2017年已减少的产能	超过50百万吨	800百万吨	/	5.6百万吨
2017年目标	超过100百万吨	超过500百万吨	/	/
2017年底减少的产能	120百万吨	1 090百万吨	/	/
2016—2020年减少总产能的比重（%）	13%	17.5%	18%	/
2018年减少的产能	30百万吨	150百万吨	4兆千瓦	/

来源：《2018年国务院政府工作报告》、《关于做好2018年重点领域化解过剩产能工作的通知》、《关于推进供给侧结构性改革 防范化解煤电产能过剩风险的意见》、中国煤炭工业协会发布的《2017煤炭行业发展年度报告》、工业和信息化部发布的《2016年钢铁行业运行情况和2017年展望》。

注：此外，2017年还减少了1.4亿吨劣质钢产能，未体现在官方数据中。

与前几年特大城市的房地产价格不断攀升相比，房地产投资拉动经济增长的作用在减弱。北京、上海、广州和深圳这四个特大城市（"老"一线城市）的房价自从采取提高首付、抵押贷款从严等限购措施后已趋于稳定（如图2-6所示）。自从党的十九大召开以来，"房子是用来住的，不是用来炒的"原则持续推进，监管当局对投机者、黑市中介、非法开发商和虚假广告进行严厉打击。一些城市，例如深圳和昆明的某些区域要求购房后至少三年不得出售。

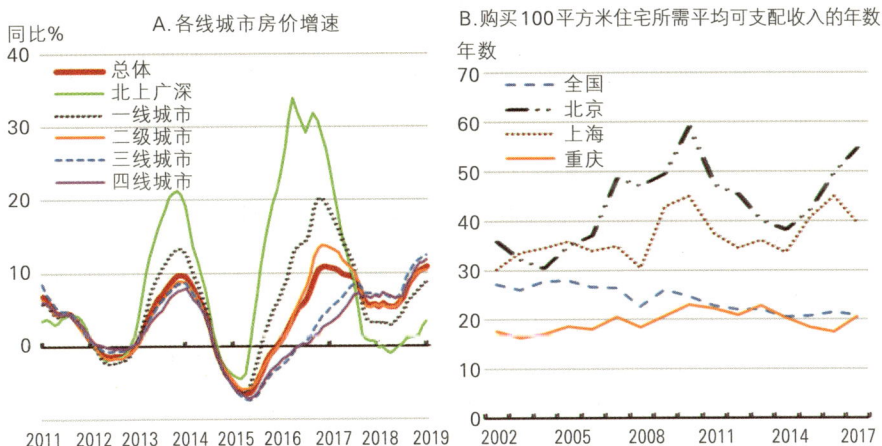

图2-6　特大城市的房价增速趋缓但平均收入者仍负担不起

来源：图A：OECD 在 CEIC 数据库基础上的计算，图B：国家统计局数据库和国家统计局（2018），《2017年全国房地产开发投资和销售情况》，http://www.stats.gov.cn/tjsj/zxfb/201801/t20180118_1574923.html。

注："一线"包括17座城市，"二线"包括22座城市，"三线"包括21座城市，"四线"包括10座城市。从全国范围来看，城市可支配收入只适用于拥有开放市场的城市住宅商品房。2017年的住宅商品房价格数据来源于国家统计局《2017年全国房地产开发投资和销售情况》报告，即用已售商品房价值除以已售商品房面积，这也是国家统计局早年间计算每平米商品房价格的方法。上述全部价格均为新建住房价格，二手房可比数据暂缺。

尽管房价通胀趋缓，特大型城市的房价依然处于非常高的水平。北京平均收入者需要55年才能买一套100平米的住房，而在2010年房价高峰期，需要59年。甚至在西部地区（例如，重庆），也需要20年。2014年以来，去库存政策导致三、四线城市的房屋库存量快速下降。湖南省向那些放弃农村宅基地的农民工提供购房补贴。陕西省西安市政府购买商品房作为保障性住房，四川省乐山市延长了房地产抵押贷款期限，并放松了使用公积金贷款的条件（Deng et al.，2018）。这些因地制宜的政策措施，使全国的房地产库存实现稳步调整。但是因为缺乏其他投资储蓄工具，老百姓对房地产的需求依然旺盛。

贸易在不断增加的不确定性中放缓（如图2-7所示）。这一趋势在发生贸易摩擦前就已经显现，主要源于扩张空间有限等结构性变化，因为一些中国商品在市场上已经进入平台期。同时，中国的出口结构日益复杂，出口增速在逐渐放缓。在进口方面，国内投资放缓为进口需求带来下行压力，因为生产资料占据了进口商品的很大一部分。然而，消费品进口关税降低或拉动消费品的进口，部分抵消下行压力。尽管整体贸易放缓，但由于消费品和生产资料的拉动，货物贸易的贸易顺差仍然显著。相对比，服务贸易的赤字不断加大（如图2-8所示），导致经常账户盈余不断减少。越来越多的中国人出国旅行，这一趋势很可能一直持续。

鉴于强劲的经济增速，生产者价格通胀持续下降（如图2-9所示），仍反映出从2017年中到2018年中的产能过剩和汇率升值。消费者价格通胀仍在控制范围内。最近的非洲猪瘟和猪肉供应的减少预计将推高猪肉价格，进而拉高2020年的CPI。持续不断的贸易摩擦导致的关税上涨同时也会对通胀产生影响。

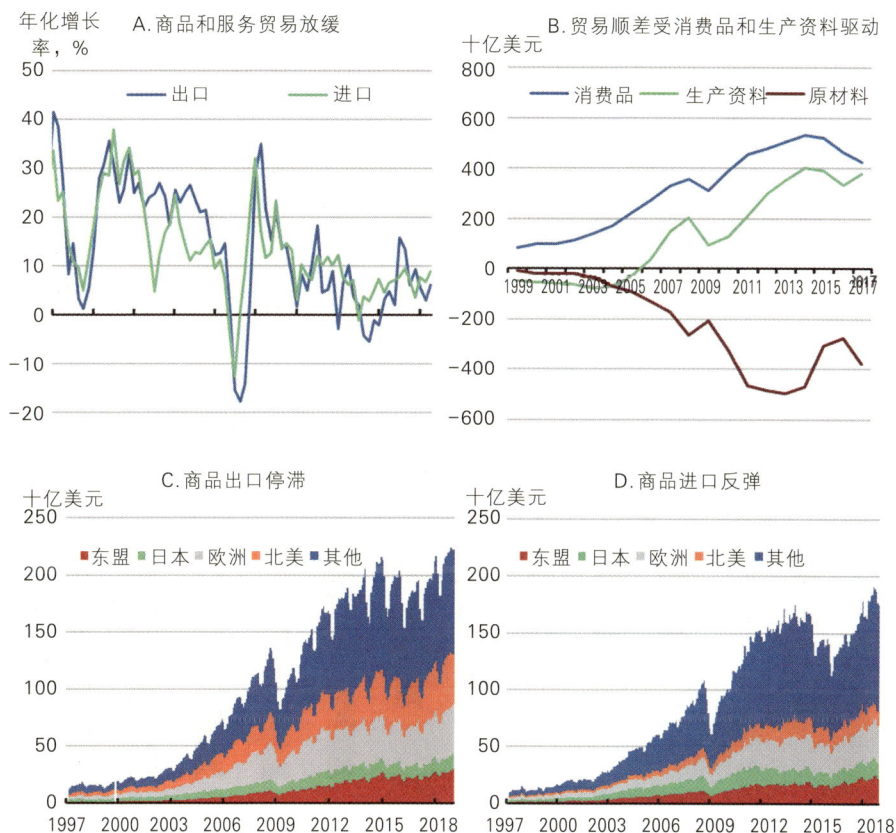

图2-7　贸易增长放缓

来源：CEIC数据库。

在这个背景下，2019—2020年的增长预计将逐渐放缓（见表2-2）。结构性和周期性因素双双生效。长期仰仗人口红利，适龄劳动人口已呈多年下降趋势。投资增速高位跳水。近期，如果所有已经宣布的和预期加征的关税开始生效，导致美国消费者停止囤货，那么中国的贸易增长将会逐渐开始放缓。投资放缓，消费将成为推动经济增长的主要动力，稳定的就业和收入增

A.贸易差额

占GDP比重（%）   占GDP比重（%）

B.服务贸易差额的构成

占GDP比重（%）   占GDP比重（%）

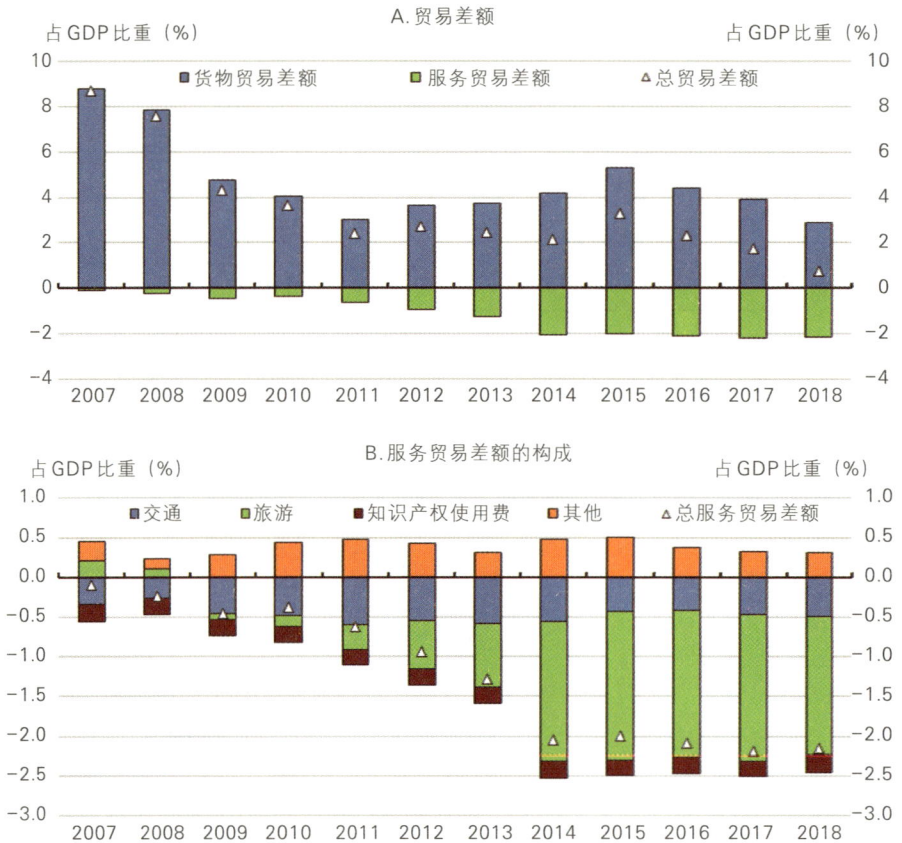

图2-8　货物贸易盈余缩减而服务贸易赤字加大

来源：CEIC数据库。

长将为消费提供有力支撑。减税和其他措施将在一定程度上导致财政赤字
（见专栏2-1）的增加，尽管更为高效的税收征管手段和更加严格的社保缴
费稽查可以弥补部分损失，促使监管当局降低法定缴费率来减少企业，特别
是小企业的负担。由于猪肉价格和关税增长，通胀将在短期内增长，但仍在
可控范围内。不确定性已经导致股票价格下跌（见专栏2-2）。

上年度百分比变化
%

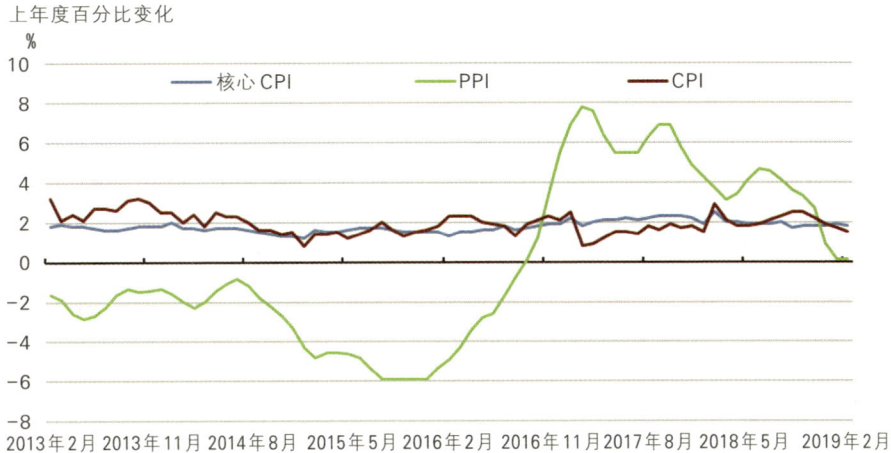

图2-9 生产者价格通胀呈现下行趋势而消费者价格通胀仍然稳定

来源：CEIC数据库。

注：核心CPI不包括食品和能源。

表2-2　　　　　　　　　　　宏观经济指标和预测

	2012	2013	2014	2015	2016	2017	2018	2019	2020
	百分比变化（%）								
实际GDP	7.9	7.8	7.3	6.9	6.7	6.8	6.6	6.2	6.0
货物与服务出口[1]	6.2	9.1	4.2	-2.3	1.9	11.0	5.1	3.9	4.6
货物与服务进口[1]	7.1	11.0	8.3	2.6	6.3	6.9	9.4	5.6	4.5
GDP平减指数	2.3	2.2	0.8	0.0	1.1	3.8	2.9	2.2	2.1
消费者物价指数	2.6	2.6	2.0	1.4	2.0	1.6	2.1	3.0	3.0
贸易条件指数	2.6	1.0	2.8	12.7	0.1	-6.8	-2.7	-0.5	-0.6
财政收支	占GDP的比重（%）								
广义[2]	0.5	-0.3	-0.3	-1.3	-3.0	-3.1	-3.1	-3.3	-3.6

续表

	2012	2013	2014	2015	2016	2017	2018	2019	2020
狭义（官方）[3]	-1.5	-2.0	-2.1	-2.4	-2.9	-2.9	-4.2	-3.1	-3.2
经常账户盈余	2.5	1.5	2.3	2.8	1.8	1.4	0.2	-0.1	-0.2
备忘录项目									
	十亿美元								
年末外汇储备余额	3 312	3 821	3 843	3 330	3 011	3 140	3 073		
	百分比变化（%）								
扣除CPI的房价[4]	-3.2	3.2	0.5	-5.3	4.4	6.9	5.1		
总就业	0.4	0.4	0.4	0.3	0.2	0.0	-0.1		
城镇就业	3.3	3.1	2.8	2.8	2.5	2.5	2.3		
全国家庭可支配收入基尼系数	0.474	0.473	0.469	0.462	0.465	0.467			

来源：CEIC数据库；OECD预测，2019年3月。

注：2018—2020年数据为OECD的预测。

1.OECD预测。

2.全口径财政收支包括四个预算账户（一般公共预算账户、政府性基金预算账户、社会保险基金预算账户和国有资本经营预算账户）的收支。

3.官方的财政收支，由支出端的以下三项的差构成：（i）一般预算支出（ii）中央预算稳定调节基金的补充（iii）地方债务偿还。以及由收入端的以下三项的差构成：（iv）一般预算收入（v）中央预算稳定调节基金收入（vi）地方债务调整。2018年的数字是官方的赤字目标。

4.房价是用2008—2010年70个城市的房价指数，以及2011—2017年70个城市新建住宅的房价指数平均值计算的。

专栏2-1 财政数据和定义 ●┄┄┄┄┄┄┄┄┄

本专栏对官方和民间机构出版物中各种财政赤字定义进行了梳理。官方赤字（也称为狭义赤字，见表2-3和表2-4）只是政府四大账户中的一般公共预算账户（另外三个账户为政府性基金预算账户、社会保险基金预算账户和国有资本经营预算账户）中的赤字。这一赤字目标值定于春天，通常全年不能调增。财政收支包括上述四大账户，以便产生可进行国际比较的一般性政府预算数据。政府各账户之间重叠的部分如何计算，以及如何将土地使用权出让金纳入收入，都会造成赤字水平和预测数据的差异（在这里，土地出让金收入不同于土地私有化收入，而是作为一笔重复性收入）。政府性基金预算账户和国有资本经营预算账户不设赤字。此外，有些机构使用的是所谓的"全口径"赤字，就是在上述提到的财政收支基础上，还包括地方政府投资工具下的基础设施融资或政府指导性投资、PPP、开发银行等。因为没有官方数据，这些数字都基于估算。

表2-3　　　　　　　　　　财政赤字占GDP的比重 （%）

	2015	2016	2017
狭义（官方）赤字	-2.4	-2.9	-2.9
广义赤字	-1.3	-3.0	-3.1
全口径赤字	-8.4	-10.4	-10.8

来源：OECD根据CEIC数据库和IMF （2018）第四条款计算得出。

注：狭义赤字是指官方公布的财政赤字。广义赤字是指包括四大预算账户（一般公共预算账户、政府性基金预算账户、社会保险基金预算账户和国有资本经营预算账户）的赤字。根据IMF的定义，全口径赤字包括地方政府融资平台和其他预算外活动。

考虑到为应对不时之需而设立的各种财政预备类资金账户，实际支出乃至赤字变得极难估算。这些预备类资金账户的设立不需要得到全国人大的批准或向公众公开。但是，大规模的预备类资金，如大规模的转移支付，降低了资金使用效率和预算透明度。

专栏 2-2　最新刺激政策

由于经济下行风险增大，政府采取了一系列经济刺激措施。地方政府因基础设施融资造成的债务问题正在被加速处理，国家发改委已经批准了这些基建项目。除了一般性的基础设施投资刺激外，更大范围的减税也在推进中。为了刺激消费，个人所得税改革的减税规模占 GDP 的 0.52%（包括提高起征点和扩大最低两档税率适用范围），此外企业也能从大幅的税费减免中获益。不同行业的增值税税率从 2018 年初的 17% 和 11% 分别降至 16% 和 10%，减税规模占 GDP 的 0.44%。2019 年，增值税进一步从 16% 和 13% 分别降至 10% 和 9%。2018 年，两次降低进口税，平均税率从 9.8% 降至 7.5%，所减少的税收收入占 GDP 的 0.08%。2019 年 5 月 1 日起，基本养老保险单位缴费比例从 20% 降至 16%。对美国进口的汽车关税从 40% 降至 15%。对某些出口产品的增值税退税有所提高，减少的税收占 GDP 的 0.07%。此外，对小微企业贷款利息收入有条件免征增值税，对科技型企业允许加速折旧。根据已宣布的措施，2019 年的财政刺激措施将占 GDP 的 3%（见表 2-4）。

表2-4   2019年财政刺激政策加码

措施	占GDP比重（%）	
	2018	2019
减税降费	1.44	2.05
个人所得税	0.52	
增值税	0.44	
出口退税	0.07	
关税	0.07	
地方政府专项债限额	1.50	2.20
总计	2.94	4.25

来源：OECD基于官方公布的数据和2013年中国家庭收入调查数据库计算得出。

注：2018年和2019年个人所得税减免影响是根据2013年中国家庭收入调查数据计算得出的。
地方政府专项债大多用于基础设施投资，此处假设全部用于此目的。

　　上述预测的风险有下行的倾向。贸易摩擦的进一步升级（见专栏2-3）将对出口及整体经济增速产生影响，或触发货币贬值压力。信心的影响可能触发股票价格大幅下跌，反过来可能对其他经济体产生溢出效应。过高的杠杆率和企业不可持续的债务水平会加重金融稳定风险，尽管减税和减少潜在社保缴纳（应对因更严格征收导致的社保有效缴纳费率的大幅增加）的政策正在执行或即将执行会减轻企业负担。如果房地产和工业行业快速调整，将拖累经济增长，但这对于增强经济弹性是必不可少的。供给侧改革政策，包括去杠杆和去产能，对于避免经济增速大幅下滑将发挥关键作用。相对比，进一步的刺激政策在短期内将带来更强劲的增长，但是长期会导致不平衡。从积极面看，好于预期的全球经济增长以及贸易摩擦的缓和将为中国出口和经济增长提供支持。大型企业破产、房地产价格崩盘以及地缘政治紧张局势的发展将增加尾部风险（见专栏2-4的表2-5）。

专栏2-3　贸易摩擦升级

　　2018年9月，继对最初的500亿美元中国货物加征25%关税之后，美国又对2 000亿美元中国货物加征了10%的关税。12月初中美在布宜诺斯艾利斯举行的G20峰会上同意将谈判延长90天，第二批货物的关税本应在2019年1月上升到25%。截至2019年1月，中美谈判仍在进行中，关税加征尚未实施。中国对第一批货物关税加征采取了同等反制措施，但对于第二批货物，中国只对600亿美元的美国对中出口货物加征了5%~25%不等的关税。截至目前，美国关税加征覆盖了中国对美出口货物的一半，但中国关税加征几乎覆盖了所有美国对中出口货物。

　　截至2018年底采取的措施将在2020年前减少中国0.25%、美国0.25%的GDP，拖累世界贸易总额0.4个百分点。中美的进口将减少0.75%，并且由于关税造成进口价格的上升，美国的消费者物价指数（CPI）将在2019和2020年均上升0.2个百分点。其他国家也会受贸易增长放缓的影响，尽管从长期来看，这些国家可能受益于在美国市场竞争地位的提升。

　　如果美国在2019年1月将中国对美出口2 000亿美元货物的关税从如今的10%上调到25%，那么到2020年，消极影响将使得中国和美国的GDP下降0.5%。世界贸易总额也将减少0.75个百分点，美国的通胀率将再提升0.6个百分点。

　　在极端情况下，如果所有中国出口货物都被征收25%的关税（假设从2019年7月开始），出口收入冲击将在2020年前达到GDP的0.75%，世界贸易总额将下降1%，中国和美国的进口将降低2%。美国的通胀率将增高0.9个百分点。

　　上述情景假设关税提升的大部分负担都由美国消费者以更高的商品价格的形式来承受。如果中国出口商通过挤压利润来承担部分关税负担，那么由于贸易条件（terms-of-trade）指数的损失，中国经济受到的负面影响将会增大，美国经济增长和通货膨胀受到的负面影响则会降低。消极的信心影响和不确定性的增加将使得所有国家的产出下降更快。

　　上述冲击同样将对宏观经济政策产生影响：美国的货币政策将会收紧，美元的有效汇率将有所上升。这将反过来对人民币和其他新兴市场货币造成下行压力，加速这些经济体的资本外流。

来源：OECD.2018年经济展望［M］.巴黎：OECD出版社，2018.

OECD.贸易政策简报［R］.巴黎：OECD出版社，2018.

专栏2-4　关键脆弱因素

表2-5　　　　　　　　　　　脆弱因素与可能结果

脆弱因素	可能结果
企业大规模违约	增长放缓和融资成本增加导致偿债越来越难，造成企业违约，负面地影响银行利润率，从而导致流动性问题。贸易摩擦也会给小的出口导向型企业带来严重影响。然而，政府可以通过为破产企业纾困或说服放贷人不行使权利来实现短期内的缓和
房地产价格暴跌	房价暴跌会挫伤房地产、建筑、装修、家电等相关行业的积极性，但是通过严格的房屋抵押贷款和禁止房产权撤回等监管措施可以缓和房价暴跌的影响
贸易摩擦升级	更高关税和更广范围的贸易制裁升级将重创出口企业，特别是中小企业和民营企业将首当其冲。同时，它还会对信心产生沉重打击，导致股价下跌，消费者信心不足

2.1.1　确保稳定、支持实体经济已经成为货币政策的首要任务

总体上，货币政策的制定日益以价格为基础，但是目标工具仍然阻碍了其向市场化机制的转移，央行应该在中长期探索明确的通胀目标制。特别是过去15年来，央行似乎越来越重视通胀，设法在较温和的持续通胀中，保持价格的稳定（Girardin et al.，2017）。然而，机构改革将成为先决条件，包括央行和其他机构间的任务重新分配。此外，中国的货币政策框架仍处于向价格型转型的过程中，仍在运用价格型和数量型工具。窗口指导意见仍十分常见。货币政策仍将保持审慎，但由于贸易摩擦导致经济下行，预计该政策将持续扩张以支持经济运行。

政府应该取消对于国有企业和公共实体的隐性担保，创造公平竞争的环境，为市场注入更多的秩序，实现更好的信贷风险定价。过去两年，企业融资成本较低，导致借贷规模激增。随着不确定性因素和避险需求的增加，融资成本也在不断增加。抵押和高企的成本限制了家庭的长期借贷（如图2-10所示）。受到融资成本飙升冲击最大的是中小型企业，同时它们也是贸易摩擦的最大受害者。2018年底，对浙江省温州市的调查显示，民间借贷利率最高可以达到18%。

为了缓解中小企业融资难的问题，各种激励政策鼓励银行更好地为中小企业服务，因为中小企业是重要的就业提供者。然而，从图2-11中基准线两倍以上贷款利率的贷款占比来看，相对风险较大的中小企业，似乎融资情况并没有好转。对中小企业贷款利息收入有条件免征增值税能够在某种程度上缓解融资难的问题。

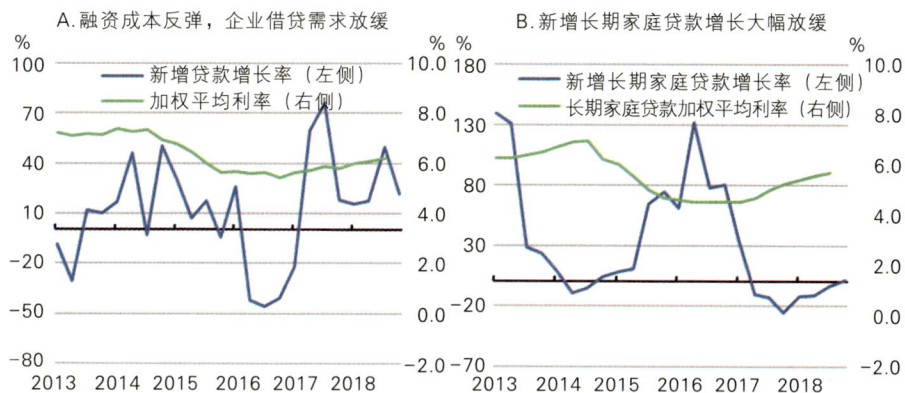

A.融资成本反弹，企业借贷需求放缓

- 新增贷款增长率（左侧）
- 加权平均利率（右侧）

B.新增长期家庭贷款增长大幅放缓

- 新增长期家庭贷款增长率（左侧）
- 长期家庭贷款加权平均利率（右侧）

图2-10　新企业和抵押贷款增长放缓

注：增长率按同比计算。图A中的新增贷款指非金融企业和政府部门的贷款，加权平均利率为一般性贷款利率。

来源：OECD根据CEIC数据库计算。

- 基准线以下
- 基准线以上
- 基准线两倍以上

图2-11　以基准利率衡量的贷款利率比

来源：CEIC数据库。

过去一年国企低于基准利率的贷款比例减半，可能意味着国企去杠杆正在取得成效。信贷（和债券发行）政策将不再偏袒国有企业，而是有利于民营部门，因为贸易摩擦升级对后者造成的不利影响尤为严重。国家发改委于2018年11月中旬宣布，支持信用优良、经营稳健、对产业结构转型升级或区域经济发展具有引领作用的优质企业发行企业债券。对债券资金用途实行正负面清单管理，鼓励将债券募集资金用于国家重大战略、重点领域和重点项目。此外，违约支付债券的民营企业，在出现暂时流动性问题和满足严苛条件下，也可以获得救助。

中国人民银行对出现暂时流动性问题的民营企业，将提供银行贷款、债券发行和股票融资等支持。央行要求在新增的公司类贷款中，大型银行对民营企业的贷款不低于1/3，中小型银行不低于2/3，但是这些目标不适用于个别银行。此外，为了缓解股价下滑造成的股权质押风险，11家券商设立母资产管理计划。在全国不同城市中，也出台了类似的措施，有的甚至要求国有企业通过兼并等方式与上市公司合作。

贸易摩擦升级对信心造成的负面影响导致汇率承压，央行通过在平价公式中再次引入逆周期因子（见专栏2-5）重获对汇率的掌控权。逆周期因子的指标从未被公布，但事后看来，逆周期因子是调节预期、阻止人民币下跌的强有力工具。随着资本直接外流得到有效控制，外汇储备和汇率得到稳定控制（如图2-12所示），资本账户自由化重启。然而，正如之前的经济调查所强调的，进一步的灵活性应该与汇率的市场化相辅相成，以缓解资本账户进一步开放造成的冲击。然而，贸易摩擦的进一步升级会触发货币贬值压力和资本外流。任何情况下，央行都应该平衡自由化的益处和风险，因此，对进一步开放资本账户及采用全面灵活的汇率机制应谨慎对待。

专栏2-5　逆周期因子

2017年5月，所谓的逆周期因子被纳入每日人民币汇率锚定机制，以稳定汇率，避免货币贬值预期。每日锚定汇率考虑前日的结算汇率、隔夜一篮子货币动向及逆周期因子，做市商可以在2%的区间内调整。2017年下半年汇率反弹，逆周期因子不再必要，因此央行宣布做市商可以决定是否要采用逆周期因子，如果被采纳，央行将在2018年1月公布如何对逆周期因子进行定义。但是人民币在初夏进入另一个贬值浪潮，8月份，逆周期因子被重启之后，贬值预期得到控制。

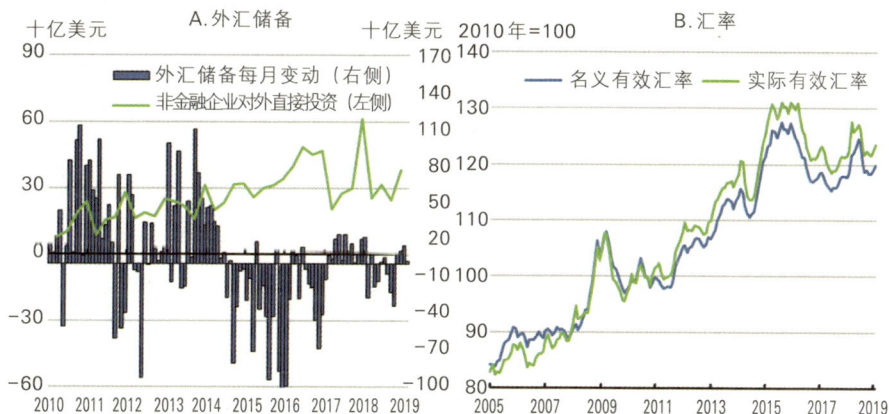

图2-12　2018年外汇储备平稳，汇率升值消退

来源：CEIC和国际清算银行数据库。

2.1.2　稳定是金融政策的核心目标

在企业杠杆率居高不下、金融创新行为失控（为给存款者带来更高收益，向高风险借贷人提供贷款）的背景下，在2017年中召开的五年一次的全国金融工作小组会议后，稳定成为金融政策的主要目标。2017年11月，

国务院金融稳定发展委员会成立，旨在防范金融风险，加强金融监管和监管协调，减少影子银行。2018年3月，银行监管机构中国银行监督管理委员会和保险监管机构中国保险监督管理委员会的合并，是通过加强政策协调控制系统性风险的另一举措。根据权威估计，银行业（特别是最大规模的几家银行）总体强健，但是IMF最新的压力测试显示，中型银行更为脆弱，因此需要增资（IMF，2017）。

稳定性成为金融政策的主要焦点，影子银行正在得到控制（如图2-13所示）。向高风险借贷人发放贷款，向投资者支付高收益回报满足了供给侧和需求侧的需求。一方面，银行厌恶风险，监管规定阻止银行向高风险行业如房地产和产能过剩的行业发放贷款；另一方面，存款利率最初受到控制，即使利率自由化后，存款利率也没有太多增长，家庭的大量存款可以投资的渠道少之又少。银行，特别是大型银行，拥有巨额存款，但被禁止或不愿意放贷给高风险的借贷人，于是银行通过多种方式由中介提供渠道融资。鉴于这些项目都在表外（理财产品），因此不受监管机构的监管，因其避开了资本拨备，表外项目增加意味着金融风险不断加剧。此外，理财产品有些带有预设的承诺，有些带有明确的保证，涉及久期错配。金融机构通过在银行间市场发行被视为债券的大额存单筹集资金，相互购买理财产品，因此增大了系统性风险。

2017年监管政策第一次将理财产品背后的资产纳入宏观审慎分析，从2018年起将在银行间发行的大额存单债务上限设定为1/3。发行人被禁止用自有资产纾困失败的理财产品。因为融资来源不断收窄，这些措施限制了影子借贷的规模（即通过非银行金融中介机构借贷）。这些措施同时缓解了对本金承诺保障的道德风险，提高了透明度。然而，有数据表明对银行理财产品更严格的监管使得资金从银行理财产品流向基金公司、保险公司理财产品、结构性存款。因此,新设的金融稳定委员会采取统一的监管方式对于消除监管灰色地带、防范系统性风险至关重要。监管机构不应该只监管每个金融机构是否健康运行,也应该监管各金融机构间通过相互投资和借贷建立起来的联系。

2016年下半年非金融机构去杠杆进程持续推进。2017年底,企业债务下降至GDP的160%(如图2-13所示)。然而,这个水平仍远高于主要经济体且不可持续。去杠杆应该加速,特别是国有企业,不应反复。债转股是去杠杆过程中的重要工具,但是目前为止债转股只占到了所有非金融企业债务极小的一部分。为了加速这一过程,央行于2018年7月释放了5 000亿元人民币流动性,用于降低存款准备金率。自2018年1月起,资产管理公司可以对债转股进行投资。国企的非金融企业债在总债务中超过了70%(Molnar and Lu,2018),是债转股的主要参与者,现在这个计划已扩展到民营企业。

但是债转股只为企业债提供了部分解决方案,因为债转股无法解决呆账和前景暗淡企业的债务问题。正如在此前的经济调查中指出的,僵尸企业占用了原本可以分配给更有效率企业的资源,拖累了生产率,在这种情况下,破产或许是最好的方式(Adelet McGowan et.al.,2017)。2018年4月,6家政府机构发布通告,强调僵尸企业退出的必要性,僵尸企业包括连年亏损的企业、资不抵债的企业以及无法继续经营的企业。为了加速这一进程,减少不确定性,下岗职工的赔偿应该遵循相关法律,不得进行谈判,不得作为企业进行破产申请的条件。尽管企业债务高企,但是截至2018年7月底,破产比例仍然非常低,只占到所有债务的0.4%,仅比上一年的占比略有增加。政府有必要对企业进行有序的破产以强化风险意识,促进资源更有效配置。

占GDP
比重（%）　　　　A.各部门信贷量

占GDP
比重（%）　　　B.借款人债务，2018年第三季度

同比（%）　　C.信贷总额和影子银行

占GDP
比重（%）　　　D.银行发行的理财产品

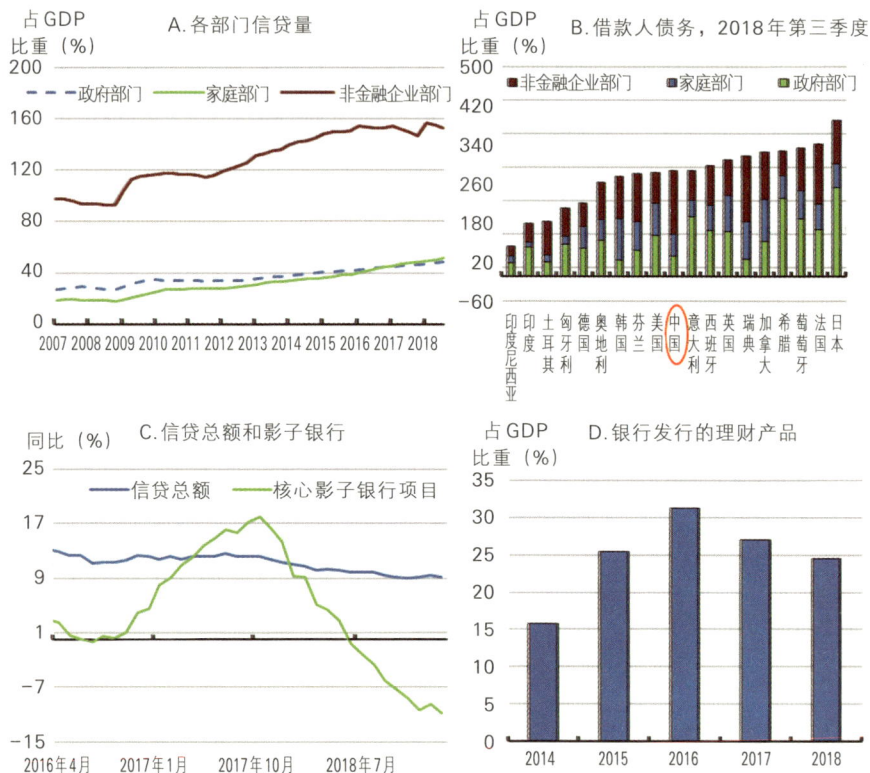

图2-13　在影子银行业务规模大幅收缩背景下，企业持续去杠杆

来源：OECD基于CEIC数据库和BIS数据库计算得出。

注：影子银行包括委托贷款、信托贷款和表外银行贷款。

　　家庭债务上升最快。家庭债务的增加因支持了私人消费反而成为经济发展的积极因素；尽管过高的家庭债务水平会限制长期私人消费增长，但按照目前中国家庭部门的债务与GDP比率，我们还不用担心这种情况（Lombardi et al.，2017）。家庭信贷增加的同时也伴随着不良债务比率的增加，特别是信用卡贷款成为家庭借贷的第二大构成因素，占家庭信贷不良

债务比例最高。2018年下半年，半年欠缴的信用卡贷款总价值达到了信用卡贷款的1.2%。

家庭信用另一个快速增长的领域是P2P线上借贷，在2018年上半年前的3.5年里增长了13倍，随后监管趋严。例如，2017年11月起停发新P2P牌照，以及诈骗案件频发，导致大量P2P平台关闭或经营困难（如图2-14所示）。监管不足导致这些企业大量滥用资金，夸大收益。为了解决这些问题，2017年12月，银保监会引入了新的监管流程，要求所有P2P企业运营更加透明。

除了更严格的监管措施，普及金融知识有助于限制呆账，控制金融风险（Yuan，2017），特别是在远远落后于城市的农村地区（央行，2017）。正如之前的经济调查建议的，金融机构应该只向有能力偿债的借贷人放贷。此外，推广活动需要得到严格的控制以防范诈骗。金融教育作为金融消费者保护、包容性金融和金融监管的补充，成为提高个人决策能力和福利，以及支持金融稳定性和发展的一种途径（OECD，2017c）。根据2015年国际学生能力测试（PISA）的测试结果，中国投资者的经济社会地位成为影响金融素养更为重要的因素，这一点要高于OECD国家。此外，处于较高和较低经济社会阶层的学生在金融素养上的差异，不仅体现在OECD国家，同样也出现在新兴经济体中。这就需要对弱势群体进行更多的金融教育。

个人违约将被列入黑名单，公民权利会受到限制（见专栏2-6）。确保借贷者偿付债务、履行职责对于维持金融市场正常运转至关重要，为放贷人提供更多的信息可以有助于改善风险定价，提高效率，减少整体金融风险。然而，对于债务违约人过于严格的措施将减少冒险行为，因而限制创新，在就业前景受限或者借高利贷来偿还原有债务的情况下，债务人会进一步陷入债务泥潭。

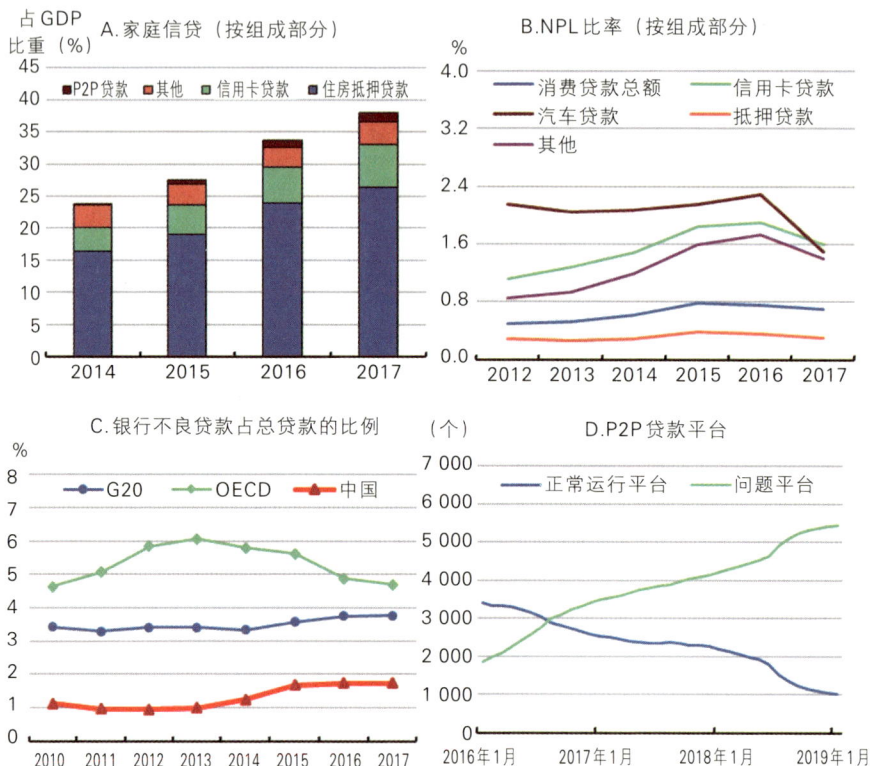

图2-14 家庭信贷增加带来金融风险

来源：CEIC数据库、中国网贷之家、国际货币基金组织金融健全指标数据库。

注：问题平台包括那些被封、改头换面、无力偿还投资者的本息、受到警方调查或运营商携客户资金潜逃的平台。G20不包括南非。

专栏2-6 个人债务违约和社会信用体系 ●

　　家庭债务特别是信用卡贷款不断攀升，大量个人因无力偿还债务被法庭列入黑名单。黑名单还包括无法提供子女抚养费的父母，以及从2018年1月起，没有支付农民工工资的企业主。黑名单上的人员被禁止购买机票和高铁票、住4星和5星级酒店，其子女被禁止上昂贵的私立学校。黑名单还限制了工作前景，黑名单上的人员在公务员工作申请中将面临更加严格的录取考试。鉴于黑名单向社会公开，因此他们从企业获得工作的机会也大幅下降。

此外，当地政府通过公布黑名单上个人的姓名和照片进一步施压，例如，广州141名黑名单上的人员的姓名出现在公交和街头海报上。自2013—2017年底，880万人被列入黑名单，被限制购买机票870万次、高铁票340万次。关于过往不良行为的数据将会根据严重程度留存5~10年，只有经过1~2年的"良好"表现，这些限制才会被取消。

到2020年，中国计划建立一个更全面的覆盖企业和个人的全国社会信用积分体系来取代黑名单。这个积分体系不仅涵盖债务偿付历史，而且包括与信用相关的其他因素，例如虚假广告和侵犯知识产权。全国社会信用积分体系的覆盖范围迅速扩张；2017年底，企业的3 400万条信用记录被记录下来，71个中央政府部门和省级政府接入全国信用信息服务平台。

2.1.3　债务相关风险受到控制，财政关系得到调整

财政政策逐渐转为扩张性财政政策。随着推动增长的驱动因素减弱，基础设施投资这一强有力的工具正在扭转2018年大部分基础设施投资放缓的趋势。中国仍然需要增加资本存量，以人均指标衡量，中国仍低于发达经济体，而且过去资本配置效率不高，例如，小型机场等领域过度投资，但城市基础设施投资不足。

国家级的重要战略项目通常由中央政府出资，而基础设施项目主要是

地方政府的职责。2014年修改的预算法使得地方政府（从2015年起）可以发债，以满足其融资需求。地方债务在8个省份已经超过当地产出的1/3，在贵州和青海两个省份，地方债务已经超过当地产出的一半。此外，在2017年，13个省份的地方债务超过了总体的地方收入（如图2-15所示）。地方债务相对于地方财政收入来说非常庞大，地方债务的限额应该与当地的收入挂钩，因为地方债务需要占用当地财政资源。地方政府可以通过地方人大监控地方债务和财政资源的变化情况以及分析偿付能力来决定地方债务限额。

尽管地方政府债务被严格限制在由全国人大和地方人大批准的额度框架内（例如，年末债务余额是有上限的，而本年末债务余额的上限可以由去年年末债务余额和今年到期债务额度等计算出来），且2015年前非法积累的债务得到了处理，但出现了一系列创新的非法借贷方式和非法操作抵押品行为。政府与社会资本合作模式（PPP）的滥用，政府基金和在地方政府以政府服务采购为名的借贷，促使中央政府阻止这些措施的实施。

显性担保反复被禁，但是对公共实体例如地方政府融资平台的隐性担保仍继续存在。2018年9月颁布的《关于加强国有企业资产负债约束的指导意见》强调了让不合格的地方政府融资平台破产的必要。这样的实体发行相当数量的债务，在江苏、天津、重庆和北京等省市，债务接近甚至超过当地政府债务，在一些地方超过当地总收入的一半以上（如图2-15所示）。虽然这些实体大部分是各行各业里的各类企业，但却开展一定程度上具有公共投资性质的城市建设项目，如果项目失败（例如，如果所处的行业为采矿业等夕阳行业），政府可能需要介入纾困，正如2014年那样。虽然官方公布的公共债务水平并不特别高，但是未来对地方政府融资平台的债务纾困，有可能使

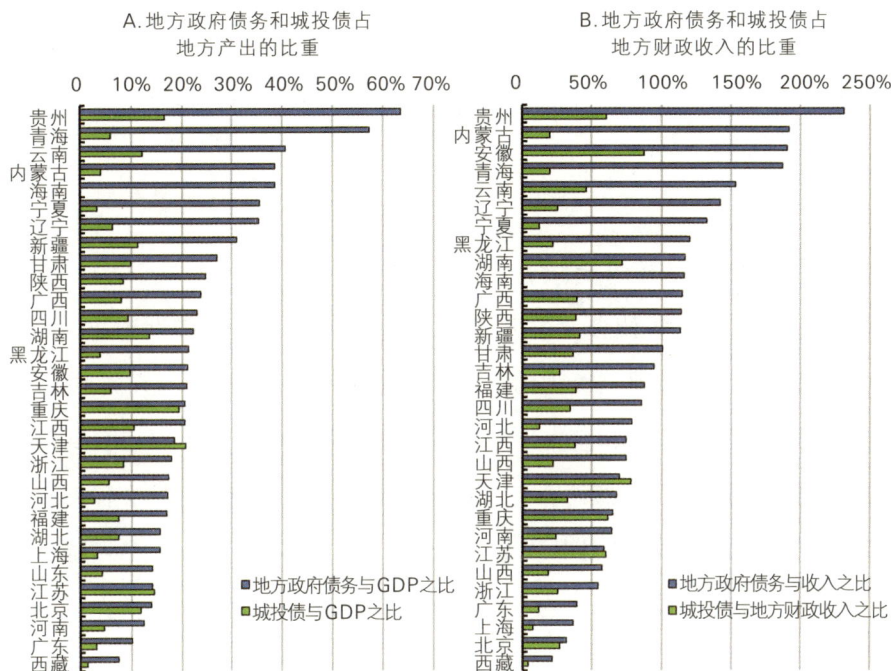

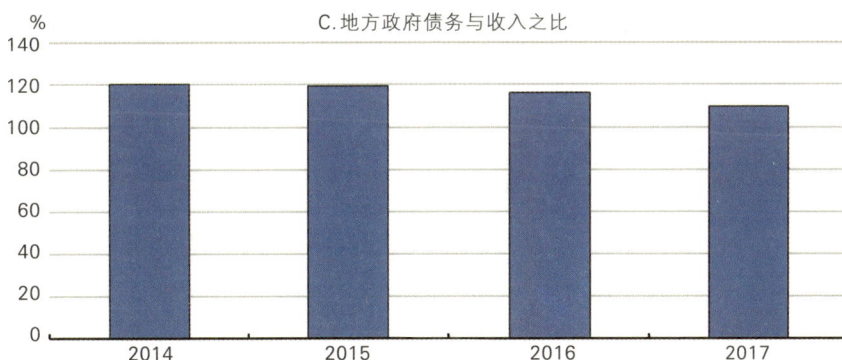

图2-15　地方政府债务和城投债相比产出和收入过高

来源：CEIC数据库、中国人力资源和社会保障年鉴、Wind数据库和地方财政局预算执行情况报告。

注：图A和B：债务和城投债均指余额。图B和C：地方财政收入是指地方政府总收入，包括一般预算账户收入、政府性基金预算账户收入、国有资本经营预算账户收入和社会保险基金预算账户收入。黑龙江省社会保险基金收入未列入2017年预算执行报告，因此按全国与其他省份总和之间的差额计算。

其偏离可持续发展之路（见专栏2-7）。然而，只要向公共实体提供的隐性担保占上风，并且地方政府特别是低级别政府承受有事权无财权的负担，任何试图控制非法发行债务的方式或发布一系列禁止隐性担保的政府禁令都无法长期有效。

专栏2-7　衡量债务可持续性 ●

中国的官方公共债务率并不高，约占GDP的36%。假设到2030年，GDP增长率逐步放缓到5%，GDP平减指数保持在3%，利率上升到4%，且基础预算赤字率（扣除利息支出后的财政赤字率）增加到2.8%，公共债务看起来仍是可持续的。然而，人口迅速老龄化和与之相关的社会保障、医疗和养老成本的增加，将对财政支出造成压力，使得赤字增加。这些成本有可能伴随可观的征税和预算效率的提高而有所降低，因此不包括在以下情境中。

债务可持续性分析也考虑了地方政府继续将部分非地方政府债券形式的存量债务（主要为城投债）纳入地方政府预算的情形。此处只囊括了可获得公开数据的债务。该情形假设与2014年的情况类似，2/3的城投债在未来会被置换为地方债。在此基础上，分析还考虑到2030年GDP增速逐步放缓到3%的情形。尽管上述两种情形相对于基本情形均假设了更快的债务累积速度，但是到2030年中国的整体债务水平也并非很高（如图2-16所示）。为了便于说明，图2-15还绘制了隐性债务和国企债务总额加总的情况。隐性债务包括上述以未偿还债券形式存在的政府债务以外的贷款，根据学术界和评级机构的估算，到2017年底约为40万亿元人民币。虽然部分隐性债务和国企债务可能不一定需要由政府承担偿还责任，但这个情形说明了地方政府负债的上限。需要注意，这些债务不包括与PPP有关的负债、国家开发银行的棚改贷款以及其他没有公开数据的隐性及或有负债。

图2-16

占GDP比重

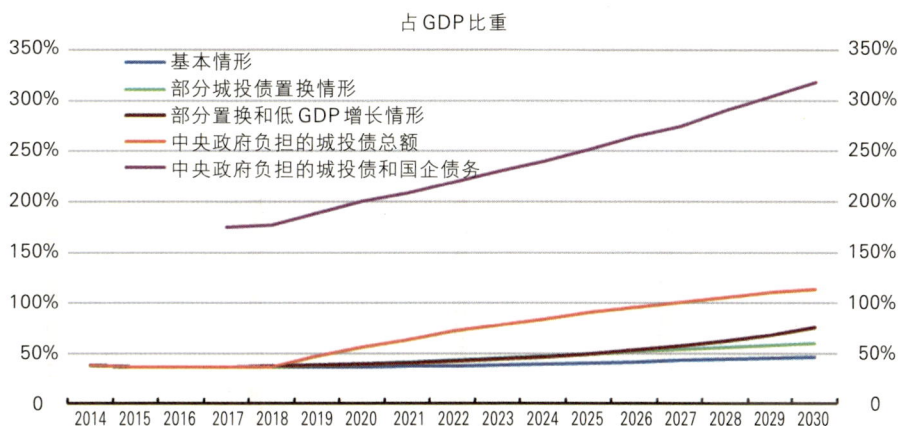

图2-16　致力于缓解城投债偿还压力的置换计划可能使得债务从可持续性增长路径上偏离

来源：OECD根据CEIC数据库测算，http://www.mof.gov.cn/zhengwuxinxi/caizhengxin-wen/201807/t20180713_2961117.htm 和http://yss.mof.gov.cn/zhuantilanmu/dfzgl/sjtj/201809/t20180921_3024772.html.

注：基本情形假设到2030年，GDP增长会放缓到5%，GDP平减指数为3%，债务利率会上升到4%，基本预算赤字率增加到2.8%。部分城投债置换的情形假设2/3的城投债会被置换为地方债以减轻利息负担，置换计划以三年为期，每年转置待置换城投债的1/3，每三年后进行新一轮置换。2017年城投债总量数据是除海南省以外各省城投债数据的加总，因为海南省城投债没有可比的数据。国债利率数据是根据财政部2018年7月13日新闻发布会中公布的数据进行假设，地方债利率数据是根据财政部2018年9月公布的地方债数据进行假设。隐性债务总额的测算来自标准普尔（2018），"中国的隐性地方债务预示着可能出现更多的城投债违约"。

公共财政体系的最低级别政府——县政府有义务提供大部分关键的公共服务，如教育、环保、医疗卫生和社会保障，负担程度远超过OECD国家的地方负担比例，承担了收入和支出的大部分比重（如图2-17所示）。政府收入相对于支出更加集中，使得上级政府进行财政转移支付成为必要，以支持无财权的事权。为了提高全国公共服务的可及性，关键的公共服务支出，例如教育和医疗卫生，应该由中央政府负担。这些关键服务的去中心化会导致质量下降，这曾迫使一些OECD国家进行再中心化。农村地区的教育和医疗卫生服务成本并不高，可以通过渐进式的社保缴费机制和更有效的税收制度来实现（见专栏2-8）。

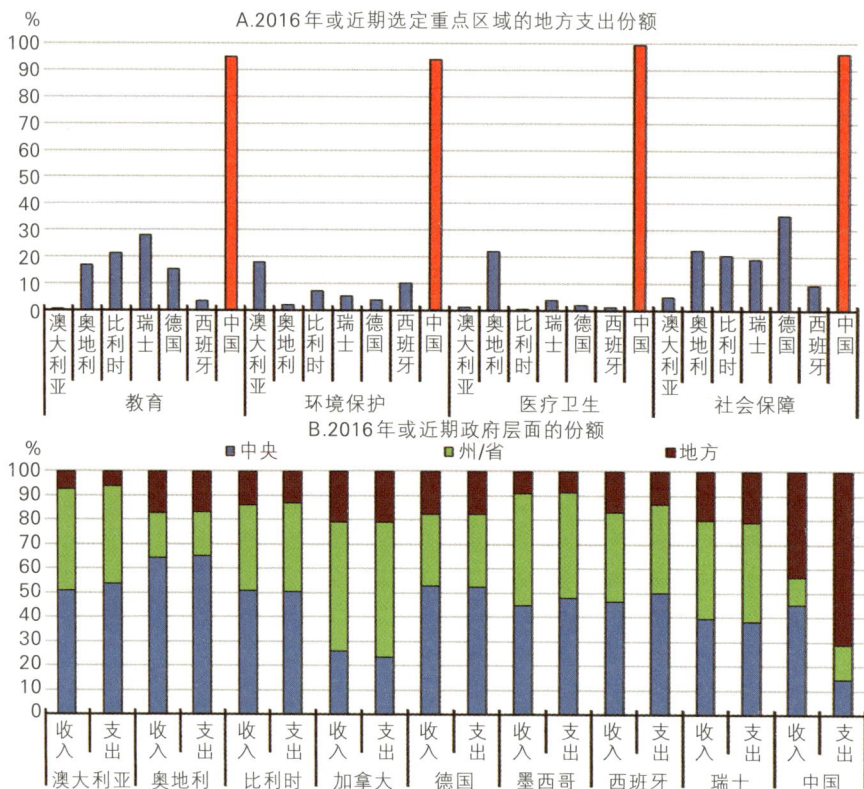

图2-17　地方层面负担沉重

来源：OECD国民核算、区域和城市数据库以及财政部和地方财政部门。

注：中国的一般预算账户收入和支出视各个级别地区的实际情况使用。

专栏2-8　财政收入和支出改革的量化影响 ●┄┄┄┄┄┄┄┄┄┄┐

　　表2-6和表2-7选择了中国经济调查中提出的财政方面的建议，量化了其对财政收支的影响，基于最新的公开数据估计了各项改革措施对财政收支的直接影响。提高社保费的征收效率，是通过提高征收效率来节省大量可能支出的一个例子。

表2-6　　　　　　　　　　OECD过往关于财政改革的建议

建议	中国自从2017年经济调查发布以来采取的行动
采取审慎的财政政策，通过将资金投入到教育、医疗卫生和社会保障等回报高的领域提高公共开支的效率，通过允许银行更好地对风险定价避免资本错配	2017年4月，教育部和其他三个部委联合发布关于实施学前行动计划的意见，展望建立一个广泛覆盖的学前体系，基础开支由公共资源负担，保证教育质量 2018年3月，财政部发布关于提高基本养老金的通知。具体执行由地方政府级别层面负责
改善财政报告的质量、覆盖面和实效性	2017年起，中央财政预算和执行、中央机构预算和中央转移支付在网上公布 2018年6月，全国人大财经委员会要求各预算编制单位在提交2019年预算草案时一并提交国有资产配置、人员编制及其薪资方案

表 2-7　　　　　　　　　调查中部分改革措施对财政收支影响的估计

改革措施	占GDP的比重（%）
赤字——增加措施：	
取消社保缴费基数的下限[1]	0.41
提高各省的生均财政支出到全国平均水平	0.12
提高各省农村的生均财政支出到各省城市水平	0.01
提高各省人均医生数到全国平均水平[2]	0.02
将各区农村的人均医生数提高到各区的城市水平（东部、中部和西部）[2]	0.24
总计	0.8
赤字——减少措施：	
提高社保缴纳基数的上限到基本工资的5倍[3]	0.12
提高社保缴纳基数的上限到基本工资的10倍[3]	0.18
取消社保缴纳基数的上限[3]	0.24
提高社保费征收的效率[4]	2.28
总计	2.4~2.52

1.取消社保缴费基数的下限，即取消统筹地区职工平均工资的60%下限。基于2013年中国家庭收入调查数据库（CHIP）。

2.分别基于2015年东部、中部和西部医生的平均工资。

3.提高或取消社保缴费基数的上限，即取消统筹地区职工平均工资的300%上限。基于2013年中国家庭收入调查数据库（CHIP）。

4.假设全部城镇就业人员按照法定比例缴纳社保。仅考虑城镇就业人员的养老保险和医疗保险，其他社保项目没有可比较的数据。

来源：OECD计算。基于以下数据来源：2013年中国家庭收入调查数据库、《中国人力资源和社会保障年鉴（2016）》、《中国劳动统计年鉴（2016）》，并且参考了 Zhang and Liu（2018），"The salary of physicians in Chinese public tertiary hospitals: a national cross-sectional and follow-up study"，BMC Health Services Research Vol.18（661），available at: https://doi.org/10.1186/s12913-018-3461-7.

2.2　向稳定和包容性增长迈进

中国的经济增长逐渐转向由消费驱动，但这主要是源于投资增速放缓，而非消费的大幅增加。最近，消费对总体经济增长的拉动介于20年来最低波动区间，即4%~6%。尽管进行了各种刺激消费的尝试，例如将电子商务扩展至农村地区或减税，但居民储蓄的意愿依旧非常强烈。高房价远远超过大城市平均工资可负担的程度，高房屋拥有率和有限的租房市场鼓励人们存钱。教育体系也是如此，"补课"有很高的支出要求，医疗卫生系统也存在大量的自付费用。因此，家庭储蓄率居高不下。此外，自从全球金融危机以来，中国的储蓄投资差收缩，但这更多是源于投资率下降而不是储蓄率降低（如图2-18所示）。

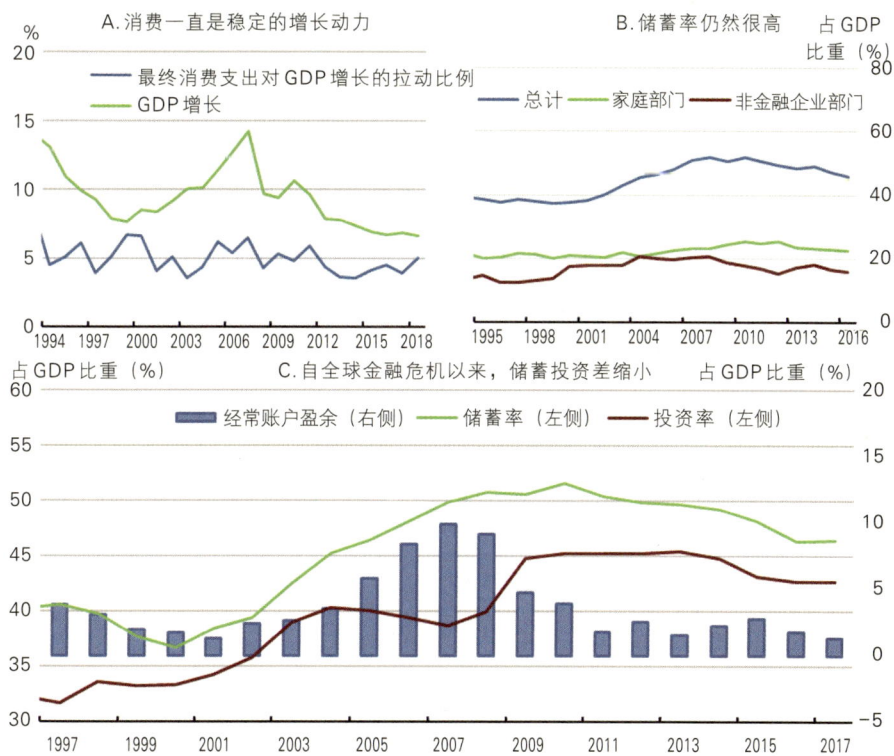

图2-18　储蓄率仍然非常高

来源：CEIC数据库。

注：截至2014年根据行业划分的基金账户流动结余及2015年的预测。

各种结构性改革可以帮助降低储蓄率，特别是（i）给予流动人口当地居民的身份：到2020年，如果1亿农民工可以获得城市户口，将可使消费增加8%；（ii）城市化：到2020年，将1亿农村居民迁移至城市可以再增加3%的消费（Molnar et al.，2017）；（iii）确保全国范围内平等的公共服务质量；（iv）去除剩余的医疗保险接续障碍；（v）提高社保覆盖率；（vi）不再让"补课"成为进入高质量学校的必要条件，在公立学校教授必要的技能，以实现更加公平的机会，为向上的社会流动以及更包容的增长提供可能。

2.2.1 应通过提高生产率实现可持续增长

经济增长继续依赖于资本积累。投资率在2009年的刺激政策下推高了5个百分点，依旧远高于OECD国家及其他主要新兴经济体的比重。鉴于中国的人均资本存量与发达经济体相比仍然较低，中国需要在环境设施、郊区铁路轨道、地下设施等许多领域进行投资，但投资效率的数据表明投资并没有流向需要投资的地方。严谨的成本收益分析将有助于避免投资不合适的项目，从而提高资本配置效率（如图2-19所示）。

鉴于劳动力的高利用率和劳动力老龄化，除非延迟退休年龄，否则劳动力对经济增长的贡献将极为有限，而延迟退休年龄在接下来的数年里不太可能会实现。取消计划生育政策也不太可能扭转趋势。因此，在创新驱动下的全要素生产率，需要成为促进经济可持续增长的更为重要的引擎。与其他金砖国家不同，中国在过去的15年中，一直致力于缩小与美国制造业的生产率差距，但两国的生产率差距仍然很大。在服务业领域的追赶相比更加迅速，但两国间的差距依然较大（如图2-20所示）。

A.拉动经济增长的因素

B.2017年固定资本形成总额

C.投资效率

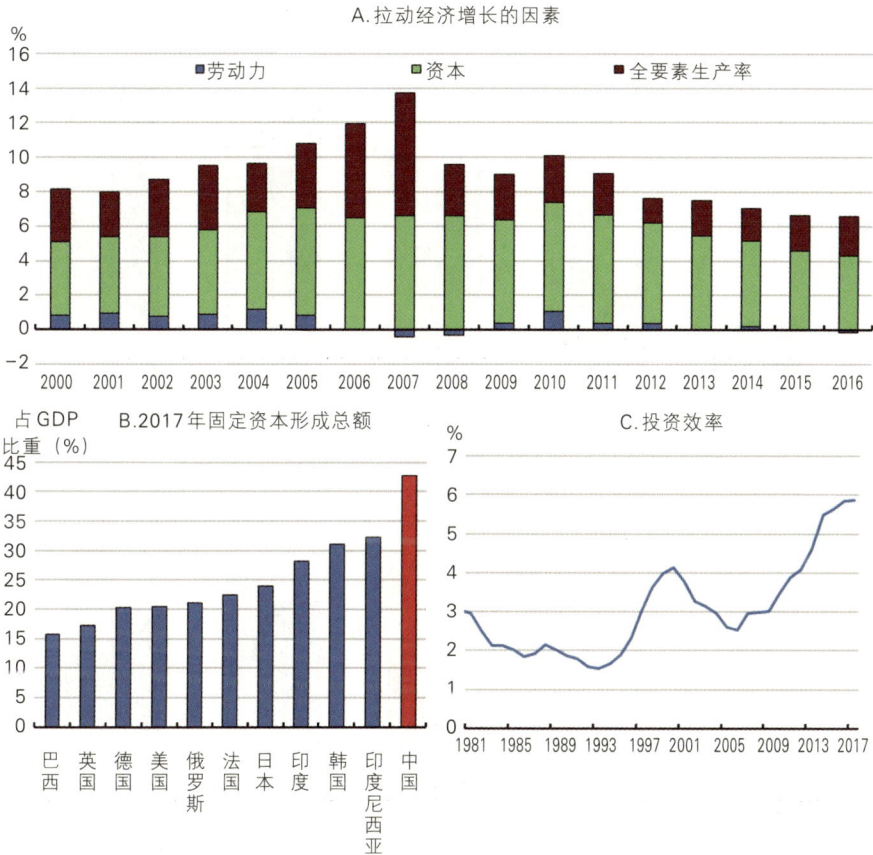

图 2-19　资本积累仍旧推动经济增长

来源：OECD根据APO生产率数据库和CEIC数据库进行计算。

注：图C：投资效率由增量资本-产出比来衡量，例如，每单位额外产出所需的资本额，以比例显示。用投资率和GDP变化计算。指标值越高表明效率越低。

　　各种与创新、产业升级和数字化有关的计划和政策都旨在提高生产率。尽管创新、产业升级和数字化产品产出令人印象深刻，但是迄今为止生产率的提升有限。专利对生产率的影响有限，是因为专利质量与生产的相关性不

2000年和2014年的全要素生产率
A.制造业

B.服务业

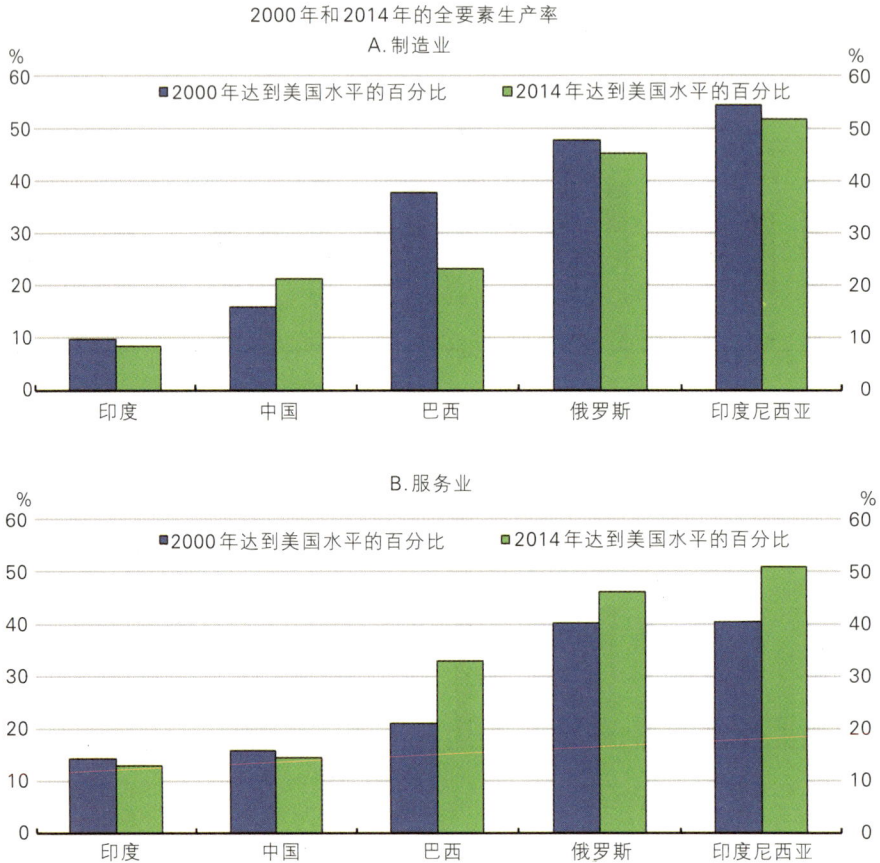

图2-20 2000年和2014年各国全要素生产率达到美国水平的百分比

来源：OECD使用格罗宁根增长与发展中心的世界投入产出数据库进行计算。

注：在缺乏固定资本形成总额缩减指数的情况下，使用了各行业的增加值缩减指数对资本存量进行折旧。基准年份为2014年。

高（OECD，2017b）。大部分专利都是实用新型专利（改善现有产品或技术）或外观设计专利，只有一小部分是真正的发明专利（如图2-21所示），此外，很少有专利在国外注册。由利用率来衡量的专利相关性受到研究人员考核制度的影响，制度考核使得研究人员主要关注于专利产出的数量，而不是质量（OECD，2015）。基于持有专利的企业的微观数据分析，国企在每项专利研发上的支出超过其他所有制企业，但私企和外企每位研究员拥有的专利数量要多于国企（如图2-22所示）。此外，专利数量大多与高利用率无关，也与政府的支持力度无关（Molnar et al.，2019）。这些发现与2017年中国经济调查的发现共同表明，稀缺的政府资金应该被更好地用于有潜力的高价值发明上，而不是用于基于特定行业的产业政策上。

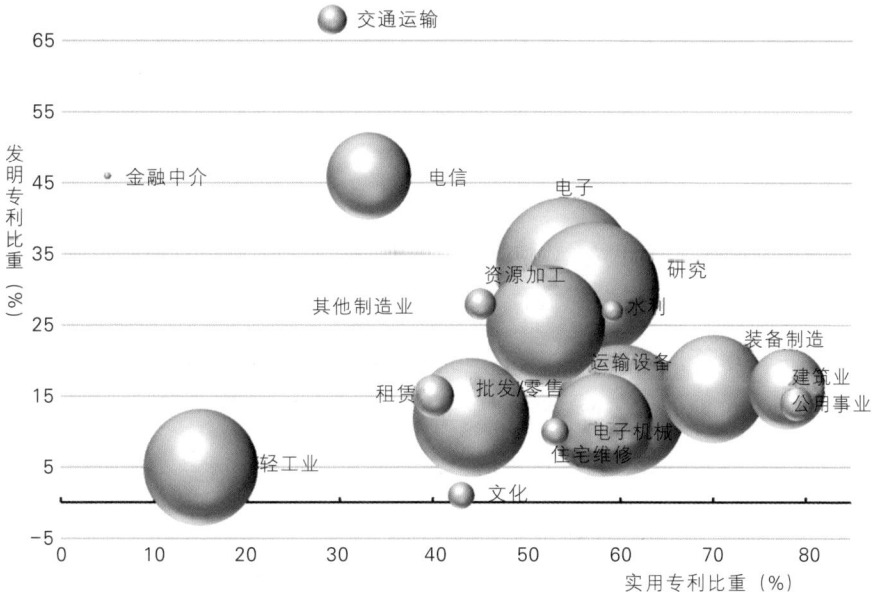

图2-21 2015年发明专利和实用专利占比

来源：OECD基于2016年国家知识产权局中国专利调查汇编。

注：数据显示2016年国家知识产权局中国专利调查中涉及专利企业微观层面数据的行业汇总。两轴上的份额加起来不等于100%，因为还有外观设计专利。圆球的大小表明了该行业企业持有的专利数量。

A.每项专利的研发支出密度　　　　　　　　B.每名研究人员的专利密度

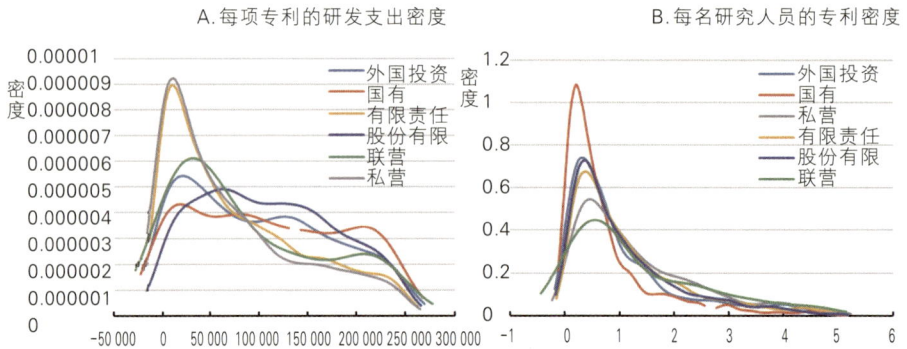

图 2-22　2015年每项专利的研发支出密度与每名研究人员的专利密度

来源：OECD基于2016年国家知识产权局中国专利调查计算。

注：专利指有效专利，包括发明、实用新型和外观设计专利三个类别。所有者分类依据国家统计局的分类。国有企业指完全由国家控制的企业。不同股权结构的有限责任和股份有限公司（上市、非上市）的构成不清楚。

　　在诸如批发零售贸易、住宿餐饮等非战略性的商业领域，国有持股比例也非常高（如图2-23所示）。降低上述领域国有持股占比将在10年内带来人均GDP1.2%的增长，长期则会带来人均GDP1.3%的增长。国企在获取资金、接受监管、缴税和公共采购方面应按照过往经济调查的建议服从竞争中立原则。

　　进一步放开贸易和投资也可以提高生产率。根据现在适用的最惠国简单平均关税衡量，中国的进口关税尽管低于韩国、巴西、印度，但比大多数OECD国家包括一些新兴经济体如墨西哥要高，比一些金砖国家如俄罗斯、南非也要高（如图2-24所示）。诸如卫生与植物卫生措施和技术壁垒等非关税措施经常运用，阻碍了贸易的发展。对外资的限制在放宽，根据最新起草的2018年外国投资法，禁止和限制国外直接投资的措施从早前的63项减少到现在的48项。其他重大变化包括由审批制转向国家层面预先建立负面清

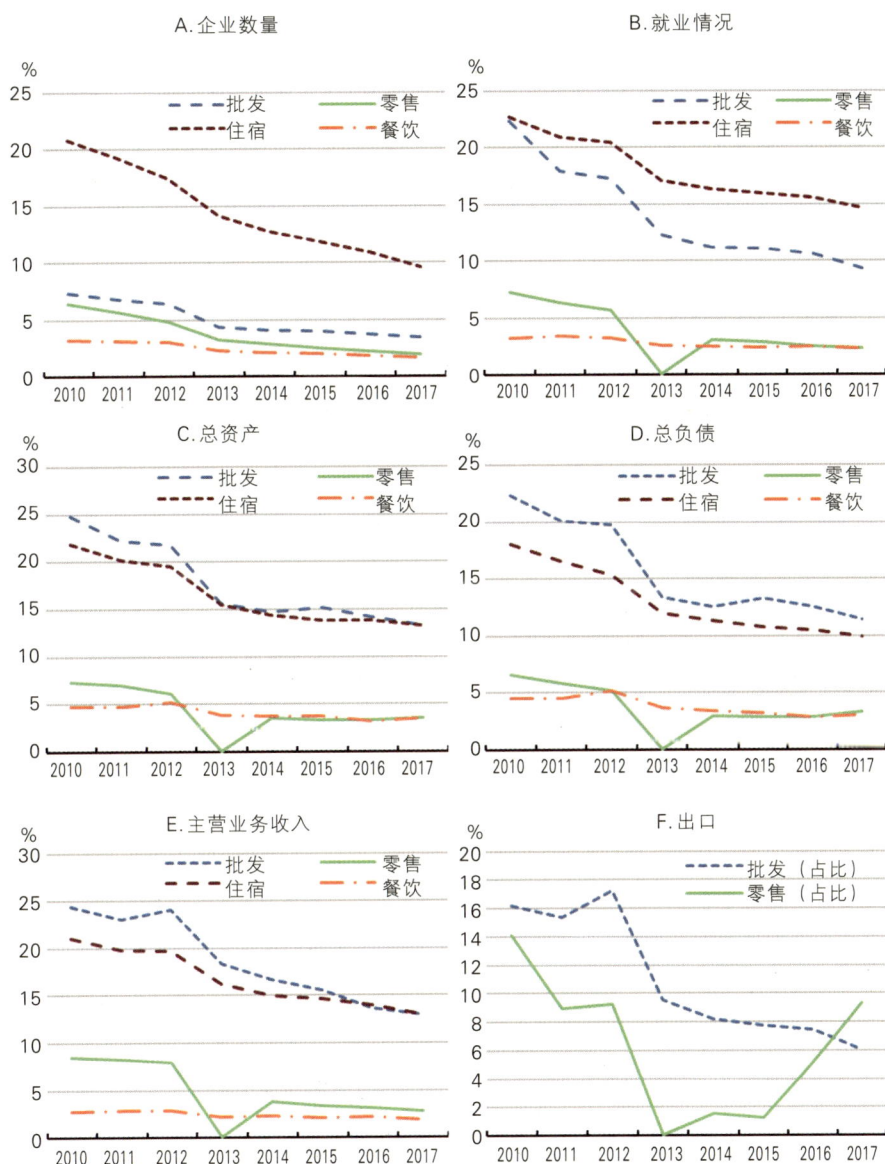

图 2-23 在一些商业领域国有持股占比仍非常高

来源：国家统计局《中国统计年鉴》多种版本。

注：图中显示了各类国企（包括国有独资企业、国有控股企业和国有参股企业）占基准线上企业的比例，暂无行业全部企业的年度数据。

单的制度，明令禁止强迫技术转移。进一步放开国外直接投资以达到OECD国家的平均水平，例如撤销限制，将在10年内带来人均GDP3.9%的增长，长期10%的增长。2018年减税（将关税从9.8%降到7.5%）还可以带来10年内额外0.9%的增长，长期2.5%的增长。上述措施都将通过提高生产率来影响产出。

A.最惠国简单平均关税（已施行）

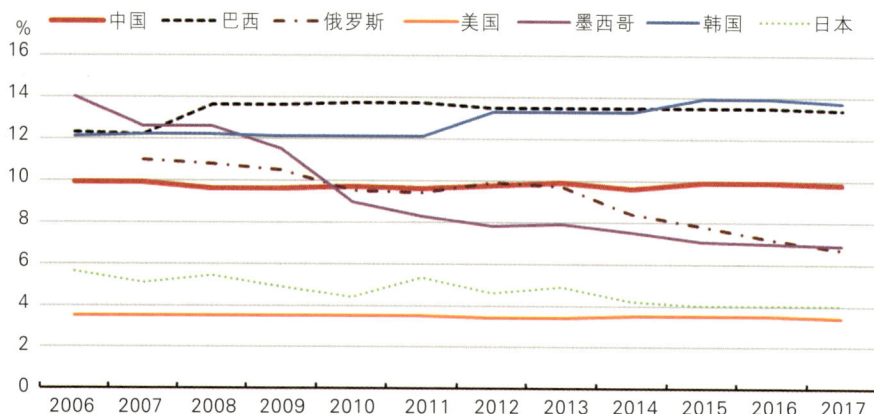

B.报告的卫生与植物卫生措施（累计）

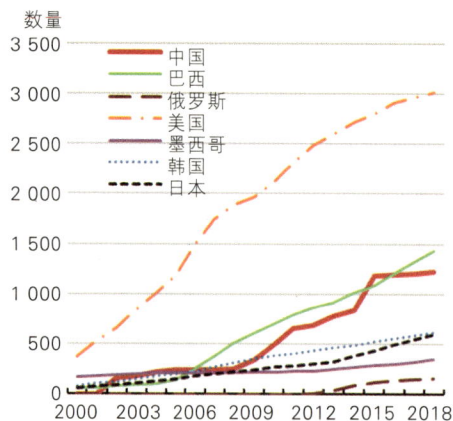

C.报告的贸易措施的技术障碍（累计）

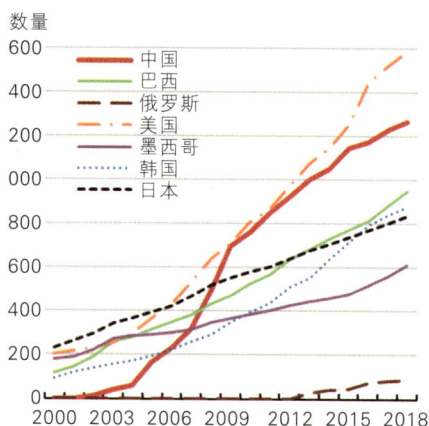

图2-24　各国关税与非关税措施

来源：WTO数据。

随着人口老龄化和劳动力成本增加，中国必须向价值链上游移动以保持竞争力。有些迹象表明中国正在朝这个方向发展。2000—2015年间，例如，以全球市场份额和相对价格等指标来衡量的劳动密集型产品的国际竞争力在下降，但部分资本密集型产业和技术密集型产业的竞争力在提升（Guo et al.，2018）。同时，出口总额中的服务增加值比重在服务业和制造业中都有增加（如图2-25所示）。中国正在向价值链上游移动的证据还可以从进口国家的贸易动态中发现；中国手机的平均出口价格相较于美国的出口价格，从2008年到2017年，在德国和法国分别由33%和21%都增加到了58%（联合国一般贸易数据），并且欧洲和中国出口商品对于拉美国家的可替代弹性不断增长，特别是电子机械类的高附加值产品，表明中国正逐渐成为欧洲出口国的直接竞争对手（García-Herrero et al.，2018）。

中国为了进一步在价值链中攀升，对于高端制造设备的投资应该辅以对知识产权更强有力的保护，这将有力地支撑创新。更强的技术技能，基于工作的职业培训，更好地匹配劳动力市场需要的技能（Molnar et al.，2015）都会有助于中国在价值链中的提升。

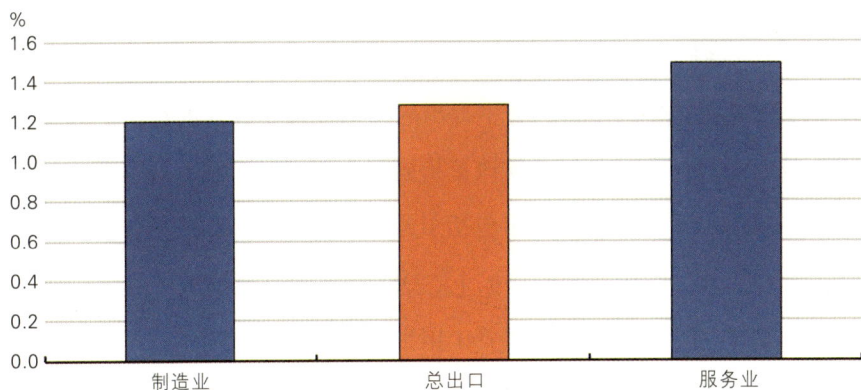

图2-25 2012—2014年以增速百分比表示的服务增加值的比重

来源：OECD贸易增加值数据库。

　　重大腐败案件的加速查处表明法治正在加强，但不遵守法律和法规的情况仍比较普遍，而且商业的很多方面缺乏透明度，为自由裁量留有空间。因此，腐败仍然对生产率的发展产生影响，使得财富分配不均衡。权力过分集中在掌控大量国家资产的管理者手中，经常导致个人以权谋私。为了在各个层面和社会的各个领域有效地解决腐败问题，2018年初中央开始在全国各省、市、县设立监察委员会，将反腐败行动推向新的高度。监察委员会与党的纪律检查委员会合署办公，是级别与法院和检察院相当的一体化反腐机构。

　　为了防止权力滥用，监察委员会运行的透明度和外部监督是必不可少的（Deng，2018）。此外，对于检举揭发者应该加强保护，使得官员不愿腐、不能腐。应通过境外追逃和提高交易的透明度来遏制海外腐败。加强法治可以带来实实在在的增长：世界治理指数的相关构成要素测定，在法治方面改善一个标准偏差可以将人均收入提高5%（Égert，2017）。其他结构性改革措施同样可以为中长期经济增长提供相当的推动力（见专栏2-9）。

专栏2-9　结构性改革的量化影响

　　表2-8量化了中国经济调查中提出的结构性改革建议的影响。大多数都是通过实证模型进行估计，估算改革措施与全要素生产率、资本深化和就业率之间的关系。采用的样本国家包括了经合组织国家和主要的非经合组织国家（Égert，2017）。在可能的情况下，OECD尽可能地使用了组内估计来评估改革的影响随时间的变化。尽管中国也是其中的样本国家，但是估计结果并不能完全反映国家的详细情况，而是更多起到指示性的作用。

　　对户籍改革产生的影响的估计，使用的是中国家庭追踪调查数据库，该数据具有时间维度。估计中假设了户籍改革对GDP的影响等于户籍改革对

GDP中消费增加的影响，Molnar等（2017）也采用了同样的方法来估计。

表2-8　　　　　　　　　结构性改革对人均GDP的影响估计（%）

改革措施	直接影响	10年期影响	长期影响
产品市场			
减少商业性产业部门的国有持股[1]		1.2	1.3
清除市场进入限制[2]		0.1	0.2
法律规章[3]			5.2
削减关税[4]		0.94	2.48
减少国外直接投资限制至OECD平均水平[5]		3.68	10.12
劳动力市场			
给予1亿多农民工城市户口[6]	3.0		1.6

1.减少批发、零售业以及住宿和餐饮业的国有资本（假设在这些产业部门的企业里，国家不再持有大部分股权）。

2.清除市场进入限制指的是在法律上取消进入壁垒，比如不再限制任何行业中的竞争者数量。

3.提高法治的指标，达到韩国的分数。在过去20年里，韩国的法治指标在G20国家中进步最大。估计结果基于组内估计。

4.平均关税水平由9.8%降至7.5%。

5.根据OECD国外直接投资限制指引衡量。

6.为1亿多农民工提供平等的公共服务和城市机会。通过估计农民工进入城市对消费的影响来估计直接影响，长期影响是假设农民工与城市居民的消费会相同。

来源：OECD计算。参考了Égert，B.（2017），"The quantification of structural reforms：extending the framework to emerging market economies" OECD Economics Department Working Papers 1442.OECD Publishing.https：//doi.org/10.1787/18151973 and Molnar，M.，T.Chalaux and Q.Ren （2017），"Urbanisation and household consumption in China"，OECD Economics Department Working Papers 1434，OECD Publishing，https：//doi.org/10.1787/d8eef6ad-en.

表2-9列出了OECD过往关于提高生产率的建议。

表2-9 　　　　　　　　OECD过往关于提高生产率的建议

建议	自2017年OECD经济调查发布以来采取的行动
通过系统性的惩罚违反者和加大处罚力度加强对知识产权的保护	2017年4月，最高人民法院发布了《中国知识产权司法保护纲要（2016—2020）》。纲要旨在通过补偿为主、惩罚为辅的手段建立公平、合理的体系。纲要的出台预示着违反知识产权规定的法律成本将提高
扩大受益于政府对创新支持的行业数量	没有采取行动
加大对个人诈骗的处罚力度	2018年7月，国家发改委和中国人民银行联合发布了《关于对失信主体加强信用监管的通知》，要求省级社会信用体系编制一份失信实体名单，明确限制其获取公共服务。失信实体的负责人将会被记录在个人社会信用档案中，并在全国的平台上共享
逐渐取消对国企和其他公共实体的隐性担保，减少由此导致的债务	2018年2月，财政部发布《关于进一步增强企业债券服务实体经济能力严格防范地方债务风险的通知》，禁止将企业信用评级与地方政府债务挂钩，禁止虚假广告宣传，严禁将土地储备、公园、学校、城市道路、免费大桥等公共财产作为企业资产进行展示。（注意：这些法规旨在监管地方政府利用投资工具发行的债券） 2018年3月，财政部发布《关于规范金融企业对地方政府和国有企业投融资行为有关问题的通知》，这是另一个关于禁止金融机构为地方政府除投资发行证券外提供任何形式融资的公告
减少商业导向、非战略行业的国有持股	没有采取行动
允许部分的国企倒闭，特别是在产能过剩的行业	2018年4月，6家政府机构联合发布《关于做好2018年重点领域化解过剩产能工作的通知》，鼓励僵尸企业退出，僵尸企业包括长期处于亏损的企业、没有能力存活、资不抵债以及没有发展前景的企业
建立专业化的国有股权体系，清晰界定商业和政治的边界	2017年5月，国务院办公厅发布《国务院办公厅关于进一步完善国有企业法人治理结构的指导意见》，促进建立属于竞争类商业企业的国企管理人员的任命体系
通过给予董事会任命和考核管理层以及决定其薪酬和晋升的权力，加强董事会的独立性和决策作用	2017年5月，国务院办公厅发布《关于进一步完善国有企业法人治理结构的指导意见》，给予董事会任命和考核管理层的权力。2020年前全国资企业的独立董事需要在董事会中占大多数
将商业运作与社会职能分离，以提升后者的效率	2018年2月，剥离国有企业办社会职能和解决历史遗留问题专项小组要求在2018年底前从国企中分离出公共事业和财产管理职能。从2019年起，国企将不再承担相应的成本负担

2.2.2　增长红利应得到更平等的分配

中国计划实现"全面建成小康社会"的目标年份2020年已经到来。为了跟踪这一方面的进展情况，OECD美好生活指数和OECD包容性增长政策行动框架将会有所帮助。2020年同时也是"十三五"规划的最后一年，共享是该规划提出的五大发展理念之一。自2009年起，以基尼系数衡量，中国增长红利似乎被更广泛地共享（如图2-26所示），但仍低于OECD国家。

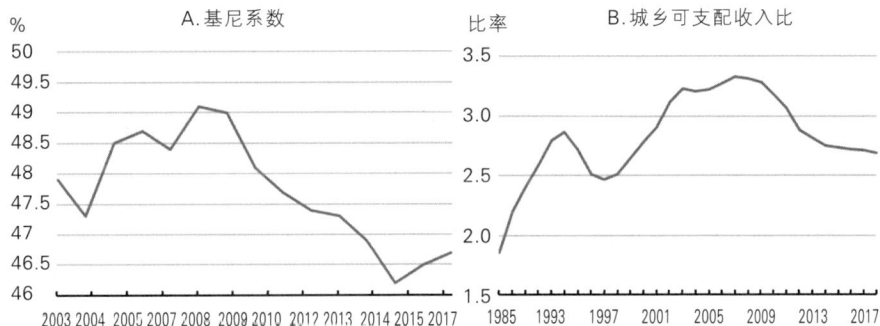

图2-26　基尼系数和城乡可支配收入比

来源：CEIC数据库。

注：基尼系数基于扣税转移前的市场收入。

城乡收入差距的缩小——从2007年的高点3.4倍降至2017年的2.7倍——对减少不平等做出了很大的贡献。因为城乡差距是不平等存在最大的领域，2016年我国收入不平等的91%来自城乡差距（中南财经政法大学，中国收入分配研究中心，2018）。同一份研究还发现，收入水平与受教育程度高度相关，受过高等教育的女性平均收入要高于男性。这在很大程度上要归功于较高的劳动参与率。总体来看，女性在劳动市场指数上表现相对较好，但是与其他国家相比，在面对就业歧视时缺少保护，在子女照看上也缺少选择。

可支配收入存在较大的差距，背后的一个主要原因是税收和转移制度效率低下。事实上，税收和转移制度只减少了基尼系数6个百分点（如图2-27所示），尽管与两年前相比已经显著下降（OECD，2017b）。中国家庭收入调查数据库分析显示，个人所得税仅减少了总收入不平等的0.25个百分点（以2013年的基尼系数衡量为57.75），社保的作用甚至是相反的（特别是医疗保险费）（Li et al.，2017）。鉴于个人所得税的有限税基和社保体系的设计，出现这个情况并不意外。一个关键的因素是社保缴纳的下限，即平均工资的60%，损害了低收入群体。取消这个下限将促进税后收入的再分配。平均工资三倍的上限应该提高，以增加社保体系的再分配作用。取消下限的财政影响相当于社保基金收入减少7%，约合总财政收入的1%（OECD的计算采用2013年中国家庭收入调查数据库的数据）。公共转移在减少差距方面似乎是最为行之有效的，特别是退休金，而一些主要的社会救助项目，例如低保的作用微乎其微。

图2-27　中国与各国基尼系数的比较

来源：标准化全球收入不平等数据库，8.0版，2019。

注：中国参考2015年的数据。

　　较高的个税起征点极大地减少了需要缴纳个人所得税的纳税人数（如图2-28所示）。此外，只有在公共单位收入为全国平均收入14.5倍，在民营企业收入为全国平均收入23.5倍的个人才适用最高的缴纳费率。自2018年10月起，提高个人所得税起征点，扩大低收入类别进一步降低了缴税基数，并且更难培养负责任的纳税人环境，因为需要缴纳个人所得税的人数减少了。甚至收入达到全国平均工资水平的个人也无须缴纳个人所得税（如图2-29所示）。根据中国家庭收入调查数据，提高个税起征点和扩大两个低档税率范围减少的税收占到GDP的0.52%，并扩大了收入不平等（泰尔指数从0.24升至0.25）。假设一个人能够享受全部专项附加扣除（包括子女教育、继续教育、大病医疗、住房贷款利息或住房租金、赡养老人），所造成的税收损失占到GDP的0.84%，而收入不平等将会进一步扩大（按照泰尔指数衡量上升至0.26）。中国民营企业的员工只有在收入达到全国平均工资的250%时才需要缴纳个人所得税，尽管在这个纳税级别也仅需缴纳1%的税款。总体上，只有收入占到前1/5的人需要缴纳所得税。

　　尽管个人所得税在过去几年增长得比可支配收入快，但个人所得税对于政府预算的影响很小，只占到了税收收入的7%，低于其他OECD国家（如图2-30所示）。这意味着尽管中国收入差距很大，但通过所得税体系进行再分配的空间却很小。个人所得税体系的再分配能力应该通过改变关键指标得到增强。由于财富差距比收入差距更大（如图2-31所示），并且大部分财富以房地产的形式存在，因此引入房产税和遗产税等定期征收的税种将有助于实现收入和财富更加公平的分配。

A.纳税人比例（按税率计算）

B.平均和边际所得税率（按工资水平计算）

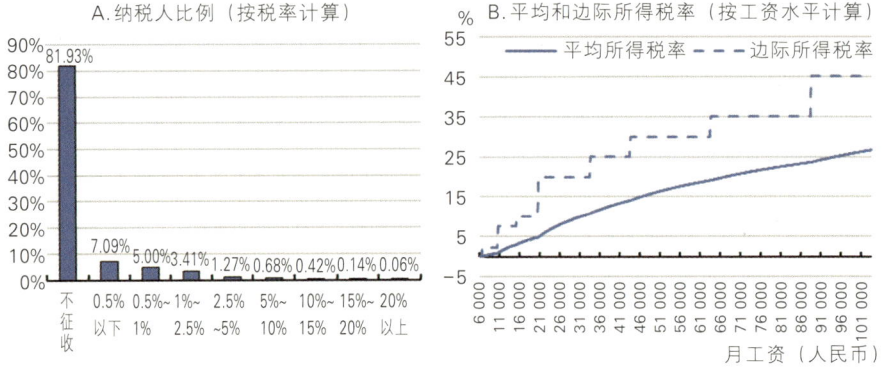

图 2-28　少数人缴纳所得税，且仅少部分以最高税率进行缴纳

来源：图A：OECD依据2018年8月31日第十三届全国人大常委会第五次会议通过的《中华人民共和国个人所得税法》修正案和2013年中国综合项目调查数据库计算。图B：OECD依据2018年8月31日第十三届全国人大常委会第五次会议通过的《中华人民共和国个人所得税法》修正案计算。

注：家庭数据组应用了最近修改的个人所得税法，收入分配数据采用了公开可获得的数据组中国综合图表调查。最新可获得的数据为2013年数据。

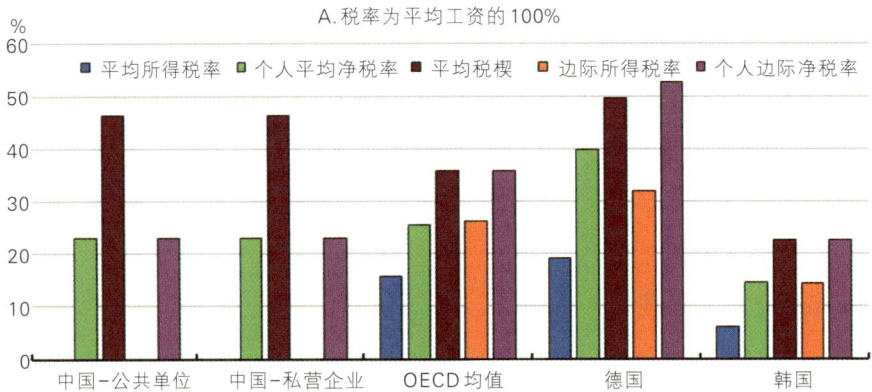

A.税率为平均工资的100%

续图

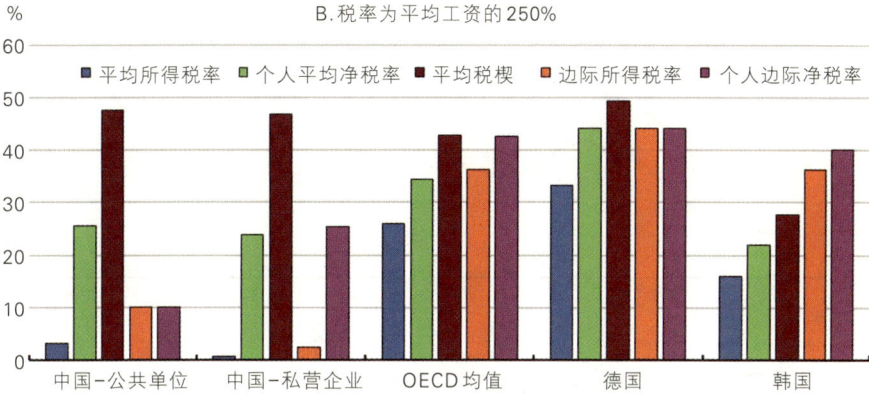

B.税率为平均工资的250%

图例：平均所得税率 / 个人平均净税率 / 平均税楔 / 边际所得税率 / 个人边际净税率

横轴：中国－公共单位 / 中国－私营企业 / OECD均值 / 德国 / 韩国

图2-29　2017年不同收入纳税人个人所得税缴纳情况

来源：OECD国家工资税数据库，OECD基于2018年8月31日第十三届全国人大常委会第五次会议通过的《中华人民共和国个人所得税法》修正案和国家统计局数据计算。

注：基于最近修改的个税税率进行计算。

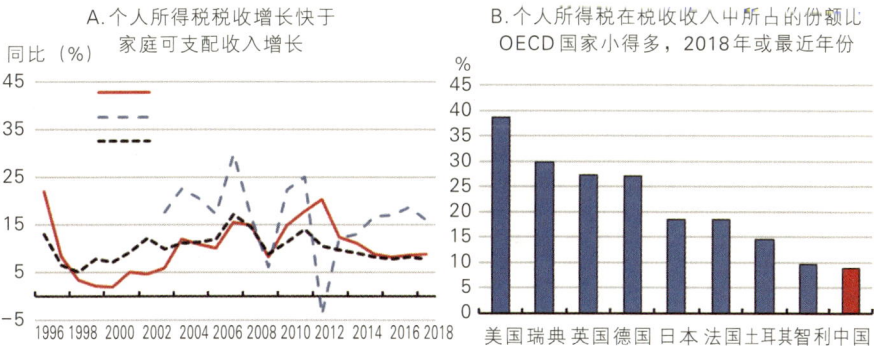

A.个人所得税税收增长快于家庭可支配收入增长

B.个人所得税在税收收入中所占的份额比OECD国家小得多，2018年或最近年份

图2-30　个人所得税增长速度和占比

来源：CEIC和OECD收入统计数据库。

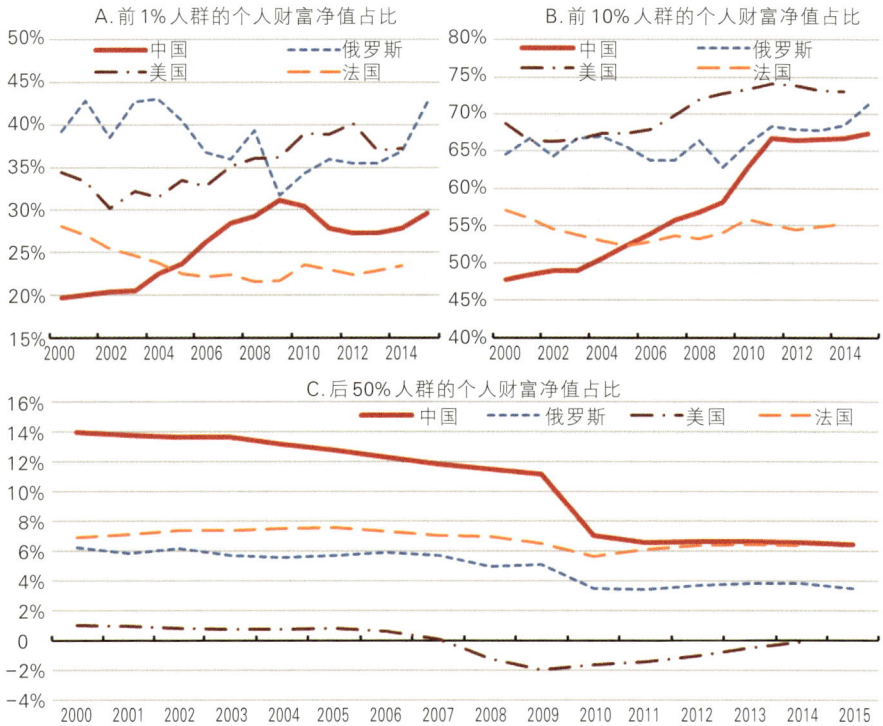

图2-31   各国不同人群财富净值占比的比较

来源：世界不平等数据库。

表2-10列出了OECD过往关于包容性增长的建议。

2.2.3   对外直接投资是获取技术的重要来源

限制资本外流有助于阻止2014年中期和2017年早期出现的外汇储备下降。尽管资本外流在获取国外技术和升级产业方面至关重要，并且在"走出去"战略的支持下提高了企业利润，但资本外流通常还会涉及隐藏利润或洗钱。根据发改委的11号行政令、2018年3月颁布生效的《境外投资管理办法》和《境外投资敏感行业名录》，资本以后将很难流出国境。新的措施以在非敏感行业或地区进行3亿美元以下投资的备案机制取代了2014年的审批体系。名录中列出的敏感行业，例如武器研发、生产和维修，跨境水资源的开

表2-10   OECD过往关于包容性增长的建议

建议	自2017年经济调查发布以来采取的行动
社保缴纳应基于实际的收入情况	没有采取行动
增加中央和省级政府向贫困地区的社会救助转移	2017年12月，央行和其他政府机构联合发布关于金融支持贫困地区的意见，要求新设立的资金首先满足贫困地区的需求，新服务优先向这些地区提供 2018年6月，中共中央、国务院发布关于减贫的三年行动计划指导意见，旨在通过加快建立特殊目的基金用于减贫、教育财政转移、健康和社会保障、改善农村住房标准，以帮助剩下的3 000万人脱贫
扩大个人所得税税基，增加税收累进	2018年8月，财政部提高了个人所得税起征点，扩大了低收入群体，高收入群体没有变化
实施全国范围内的不动产持有税和包括一些基本继承津贴的遗产税	没有采取行动
逐渐提高和统一退休年龄至65岁，将其纳入预期寿命指数	没有采取行动
改善行政流程，简化异地领取养老金的过程	2017年6月，人力资源和社会保障部发布关于准政府部门雇员跨区领取养老金的通知，包括在公共部门内流转或进入企业
增加对儿童照护的公共资金，引入激励机制鼓励农民工儿童和农村地区儿童参与早期儿童教育	2018年2月，中共中央、国务院发布《关于实施乡村振兴战略的意见》，强调农村学前教育的发展。2019年2月，中共中央、国务院发布了《中国教育现代化2035》，强调在全国范围内提供优质的学前教育，并使基础公共教育服务均等化。《加快推进教育现代化实施方案（2018—2022年）》进一步细化了建立幼儿教育专业化管理和质量控制的细节

发和利用、新闻和媒体等需要发改委的批准。批准与否取决于项目的真实性和是否符合相关规定。为了阻止以对外直接投资名义进行的洗钱行为，所有的投资，包括海外分支机构的投资，都必须上报。此外，在主要投资对象国，例如美国、日本、德国，收集与分支机构相关的基础数据（国外分支机构贸易数据），例如销售额（按目的地划分）、投入来源（按来源国划分）、人员雇用情况、投资等可以有助于监测和评估海外投资。国企的海外分支机构账户应该定期审计，以避免国有资产的流失。同样，正如2017年《中国经济调查报告》所建议的，国企管理层应该在商业和政治之间划分明确的界限。真正独立的董事和拥有任命与评价管理层权力的董事会才能够做出更负责任的海外投资决定。无论是国企还是私企，做出对外直接投资的决定都应出于市场的考虑。

尽管过去几年资本外流使监管机构十分担忧，且中国内地的海外直接投资确实增长迅速（过去10年左右增长了15倍），但整体只占到2017年世界投资总量的5%。主要流向地包括中国香港、新加坡、美国、荷兰和澳大利亚（如图2-32所示）。根据商务部的数据，大部分中国内地的对外直接投资都流向了服务业，特别是租赁和商业服务（如图2-33所示）。然而官方数据将所有通过第三方的投资，即使实际是投向制造业或采矿业，都归为租赁和商业服务。从绿地项目和并购交易收集的数据显示制造业是对外直接投资的主要标的，2017年末对制造业的对外直接投资占到了总存量的近40%。

A.中国内地公司的对外直接投资在
过去10年增长了15倍

十亿美元

B.但在2017年世界总量中所占的
份额仍然很小

C.2017年对外直接投资（按目的地分）

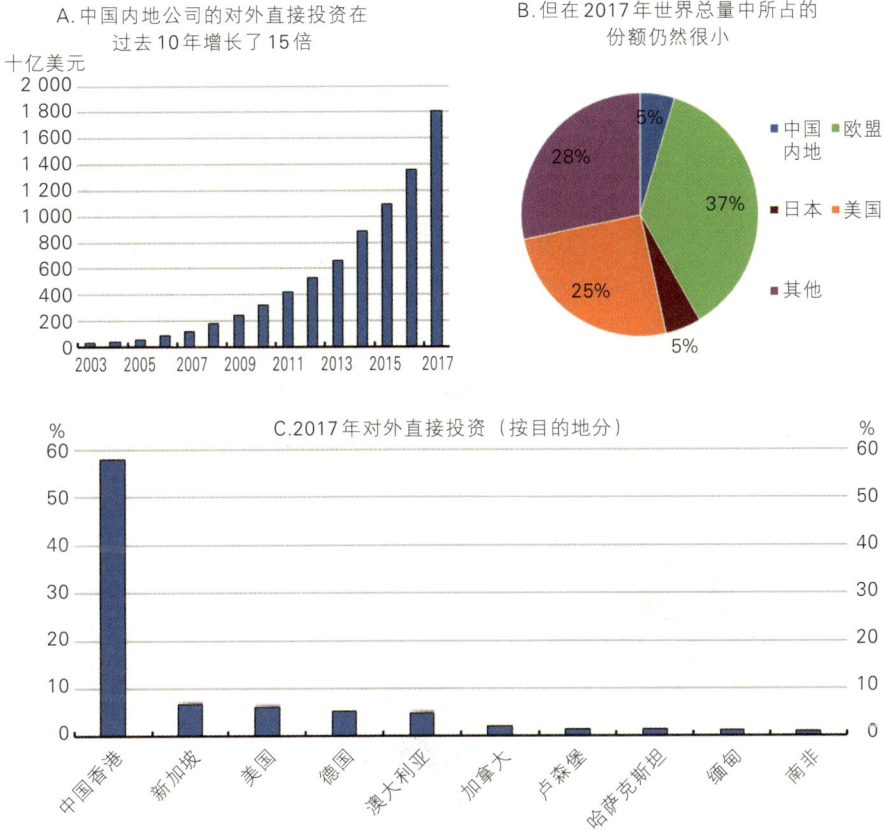

图2-32　中国内地的对外直接投资迅速扩张

来源：CEIC数据库、国际货币基金组织协调直接投资调查（CDIS）数据库、OECD全球化数据库。

注：对外直接投资数据指存量。

根据官方数据，中国制造业的对外直接投资存量在过去5年翻了两番，但是仍不足美国的1/6和日本的1/5，与韩国不相上下（如图2-34所示）。非官方数据显示中国制造业的对外直接投资接近日本的水平（Molnar et al.,

对外直接投资存量

十亿美元
A. 对外直接投资集中在服务领域

■ 第一产业
■ 采矿
■ 制造业
■ 电力、天然气和水的生产输送
■ 建筑业
■ 第三产业

B. 租赁和商业服务领域对外直接投资占2017年服务总量近一半

■ 租赁及商业服务
■ 金融中介
■ 批发和零售业
■ 信息传输、计算机服务和软件
■ 房地产
■ 交通、运输、仓储、邮政
■ 科学研究、技术服务和地质勘查
■ 家庭服务和其他服务
■ 其他服务

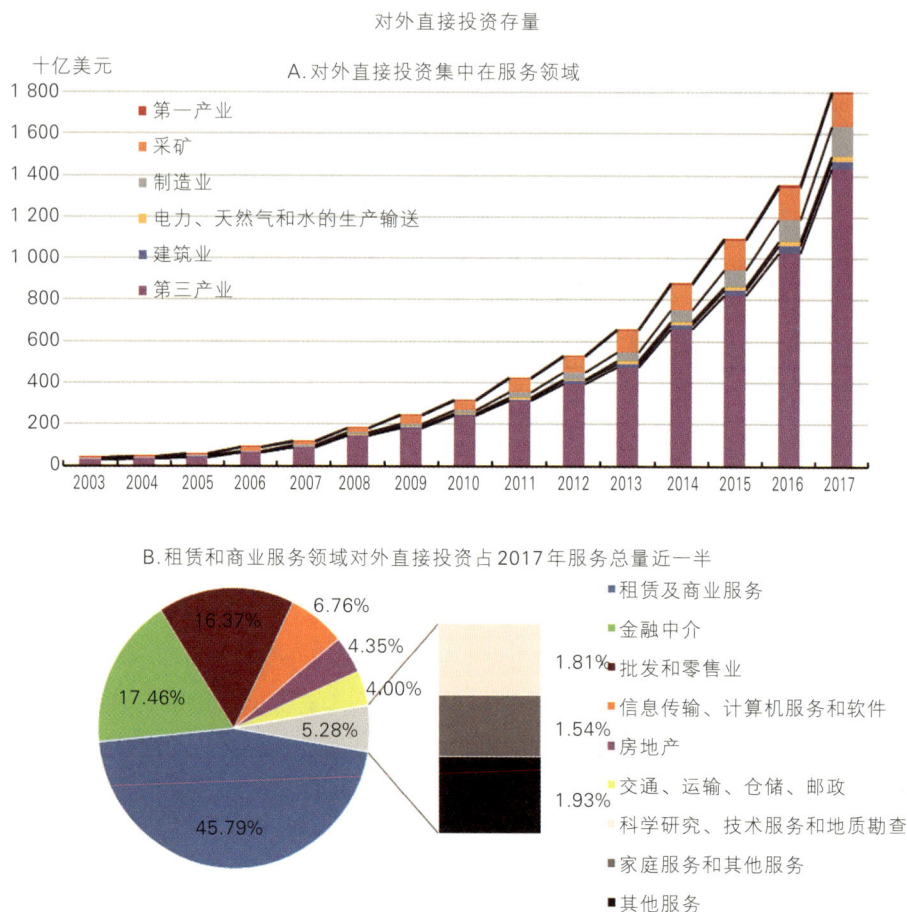

图 2-33   大部分中国对外直接投资都集中于服务领域

来源：CEIC数据库。

注：图A数据基于中国行业分类，公共事业和建筑业不属于第三产业。图B也应用了中国行业分类，来自商务部的分类。

2019）。资源型行业是中国制造业对外直接投资的主要目标，石油和炼焦超过了17%，非金属矿物和金属制品占到了20.95%。

A. 近年来制造业对外直接投资快速增加

B.2016年制造业对外直接投资存量

C.2017年制造业对外直接投资集中在资源型行业

- 石油和炼焦
- 化学材料
- 非金属矿物和金属制品
- 通信、计算机和其他电子设备
- 运输设备
- 食品和烟草
- 电机设备
- 机械
- 纺织和服装
- 木材和纸张
- 其他制造业

3.84%
2.06%
2.20%
1.21%

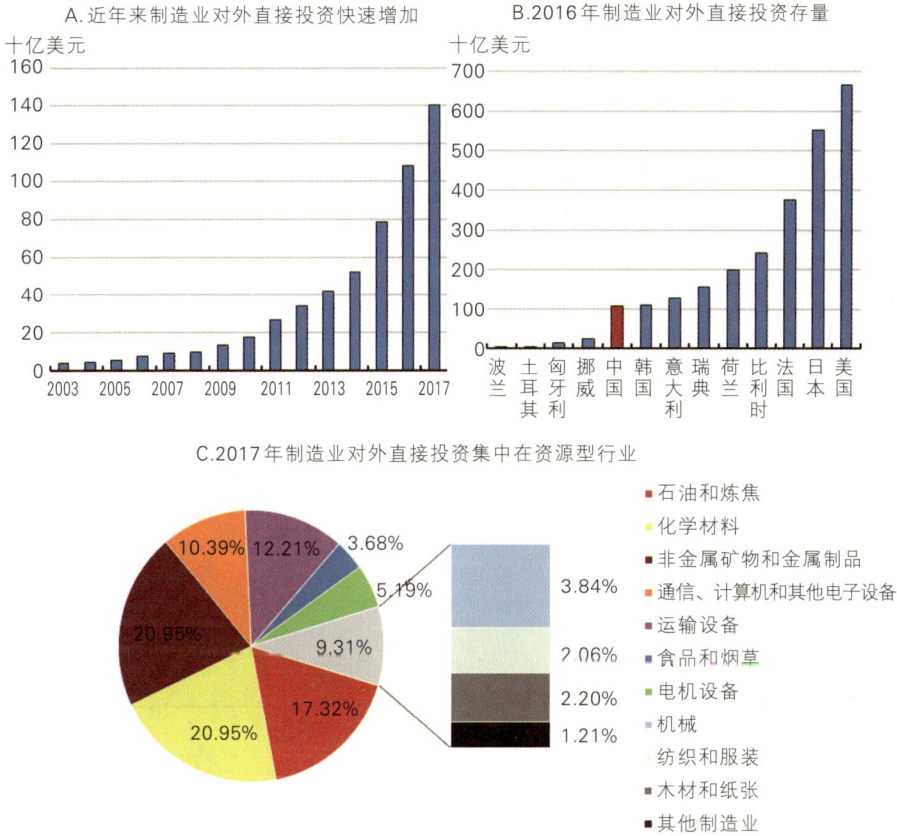

图 2-34 制造业对外直接投资情况

来源：CEIC 数据库、OECD 全球化数据库、FDI Markets 和 Dealogic 数据库。

注：图 B 描绘了图中国家在制造业方面的对外投资存量。图 C 是进一步计算 FDI Markets 数据库的累计绿地投资和 Dealogic 数据库的并购交易总和后由商务部公布的具体的制造业情况。

　　全球贸易保护主义抬头，中国的海外并购将面临更多的审查，特别是关系到国家安全的敏感行业。与此同时，国内对资本外流采取更加谨慎的态度限制了2017年的对外并购交易（如图2-35所示）。并购和绿地投资的相对规模在不同的行业有很大的差别（见专栏2-10），不同目的地的情况也不尽相同。海外直接投资的前景同样受到贸易争端的影响，甚至有可能会重塑全球和区域价值链。如果关税会在出口国和进口国都造成影响，那些之前在海外投资矿产向国内进口矿石并在国内加工的企业需要重新思考一下商业模式。更高的商品和原材料价格可能会鼓励更昂贵的开采和一度过于昂贵的技术投资。

图2-35 通过并购进行的投资比通过绿地进行的投资多

来源：FDI Markets 和 Dealogic 数据库。

注：数据描绘年度投资流向。

中国应遵循OECD《国际投资和多国企业宣言》里的原则，在海外运营的中国企业在营商行为上应该遵循OECD跨国企业指南的原则，应该通过雇用本地员工在当地创造更多的就业。此外，中国应遵循国际最佳实践，特别是遵守环境和劳工标准（而不是只遵循所在国标准，通常所在国的标准更低），中国对外直接投资使"一带一路"沿线国家从中受益，且比重在快速提高，中国要展现出负责任的投资者形象，使得投资更加可持续。OECD可以提供更多工具。例如，发布《OECD负责任的商业行为尽责管理指南》《重大利益相关者参与冶金行业尽责管理指南》《受冲突影响和高风险地区的负责任矿产供应链尽责管理指南》，以帮助中国完善海外投资活动。在"一带一路"倡议支持下的基础设施项目应该经过充分的成本收益分析，以及被投资国的偿债能力和债务可持续能力分析。

专栏2-10 并购和绿地投资的地理行业维度 ●

截至2016年末，并购交易的累计总价值约比绿地项目的总价值高1/3，尽管美国是并购和绿地项目的首选目的地，但绿地投资更倾向于发展中国家（印度尼西亚、印度、马来西亚和埃及是累计接受投资最多的国家），并购主要倾向于发达经济体（中国香港、澳大利亚、加拿大和英国是累计交易价值最多的经济体）。对于绿地投资，开罗省、纽约州、加利福尼亚州、英国东南部、苏拉威西岛是最受欢迎的目的地。各城市中，纽约为首，紧随其后的是伦敦、关丹（马来西亚）、中国香港和新加坡。北京、上海、广东、江苏和浙江是中国内地最大的绿地项目投资地。中国在欧洲地区的绿地投资选址显示出了攀比效应，民营企业更愿意参照先前在欧洲进行投资的中国投资者而不是国企的做法（De Beule et al.，2018）。根据价值，大部分的并购主要由上市企业、非上市国企、非上市民企进行，但非上市国企平均交易额是另两类企业的五倍。

在一些行业，投资基本上是并购和绿地投资均分，而其他行业则是选择其一（如图2-36所示）。例如，建筑类的海外直投基本上都是通过绿地投资。此外，在建筑领域，前五大目的国几乎占了中国对外直接投资的一半，仅埃及就占了近 1/5，马来西亚和美国分别占 1/10，印度和英国分别占 1/15。

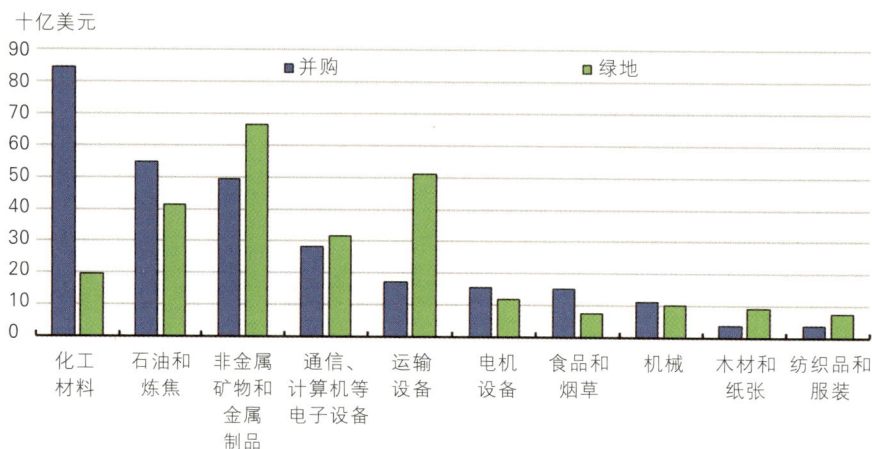

图 2-36　各行业 2017 年并购和绿地投资的累计值

来源：OECD 外商直接投资列表及 Dealogic 数据库。

2.2.4　数字化是一个跨越式发展的机会

　　数字化提供了一个跨越式发展的机会，中国企业和政策制定者则迅速抓住了这个机会。根据中国普遍采用的测量方法（也就是 ICT 行业直接和间接附加值之和，其中，直接部分是指 ICT 制造和服务的附加值之和，间接部分是其他行业中的 ICT 技术投入），数字经济现在占到了中国 GDP 的 1/3，就业的 1/5，而且还在迅速地增加（如图 2-37 所示）。根据这一测量标准，中国数字经济的规模主要源自渗透至其他行业的大型中间互联网通信技术。互联网通信技术行业是数字经济的支柱，但所占的份额却并不大。行业的增加值不仅低于发达经济体，也低于印度（如图 2-38 所示），而且已经出现了多年的增长停滞。这也解释了为何中国近来更多地强调培育新型战略行业作为增长引擎。

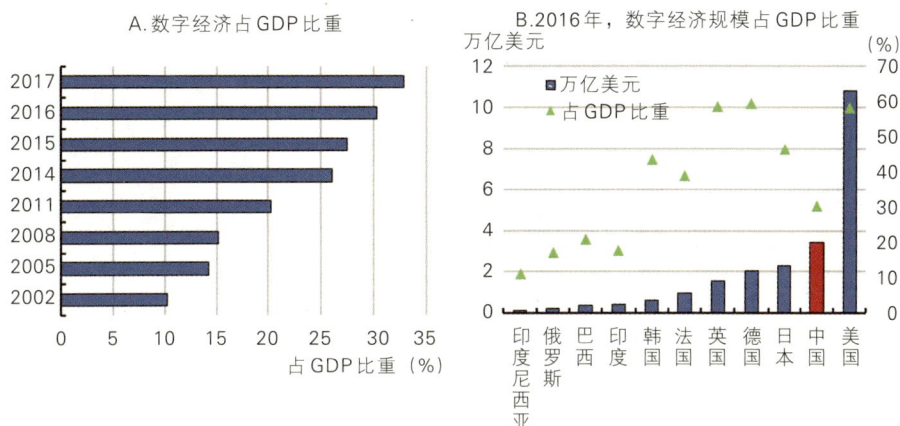

图 2-37 中国的数字经济规模

来源：中国信息化百人会（2018），《2017年中国数字经济发展报告》。

注：数字经济是以信息和通信技术部门直接和间接附加值的总和来衡量的。直接部分是通信技术制造和通信技术服务的附加值总和，而间接部分则根据其他部门使用通信技术投入的数量计算得出。

《2018年国务院政府工作报告》进一步强调了实现全面互联网服务覆盖以及减少费率的必要性。2018年7月，移动运营商取消了国内漫游费用。截至2017年，中国约有56%的网民，与南非和巴西相当（如图2-39所示）。7.5亿中国互联网用户占到了世界总数的22%。手机互联网普及率远低于韩国和斯堪的纳维亚国家。平均的网速为16兆（CNNIC，2018b，2017年第三季度），是世界平均水平的两倍（Fastmetrics，2017年第一季度），但是远低于发达国家的水平（韩国以28.6兆的速度遥遥领先）。

占GDP
比重(%) A.互联网通信技术行业附加值，2015年

占GDP
比重(%) B.中国互联网通信技术行业附加值

C.互联网通信技术行业附加值，2015年
十亿美元

占总就业
比重(%) D.互联网通信技术行业就业情况，2015

百万人 E.互联网通信技术就业人数，2015年

图2-38 互联网通信技术行业规模

来源：2018年欧洲委员会PREDICT数据库。

注：这里对ICT部门的定义考虑了制造业与服务业之间的标准差别，但不包括以下部门：制造磁性和光学介质以及通信技术贸易行业。最后，通信技术服务行业分为两个分部门：电信和计算机及相关活动。信息和通信技术部门的定义允许在较长时期内进行国际比较，因为其中一些国家没有必需的分类信息来估计全面定义中所列的所有通信技术分部门。

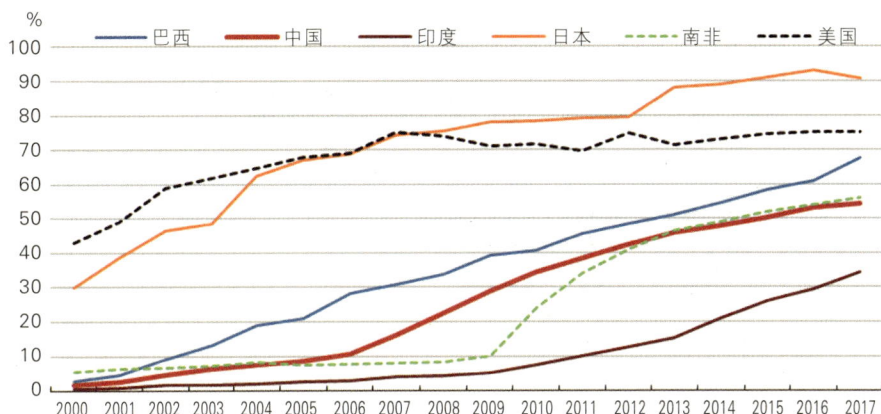

图2-39　各国互联网用户占总人口的比重

来源：国际电信联盟数据库和中国互联网络信息中心（2018），《中国互联网络发展状况统计报告》。

数字化的空间差异表现在沿海和内陆省份之间智能制造的巨大差异。根据数字化的程度和不同生产环节的融合，2017年智能制造企业占到了江苏所有制造企业的9%，与山东和浙江的比重（如图2-40所示）近似。然而，西部地区（除了重庆和四川）以及东北地区都远远落后。

中国在许多服务方面都领先世界，特别是在那些容易数字化的领域。短短时间里，中国已经在一系列的互联网服务领域遥遥领先，例如电子商务、线上支付、线上打车。2016年中国的电子商务市场几乎是美国电子商务市场的两倍，其中线上购物占到了1/4，其他基本上为企业对企业的服务（CNNIC，2018b）。共享经济是中国凸显后发优势并一跃领先的典型例子。2017年共享经济约占GDP的6%，2020年的目标为10%，2025年为20%。共享经济的主要领域是金融，其次是生活服务、生产、交通、知识和技能、住宿及医疗服务（如图2-41所示）。2017年，新创造的就业岗位中10%

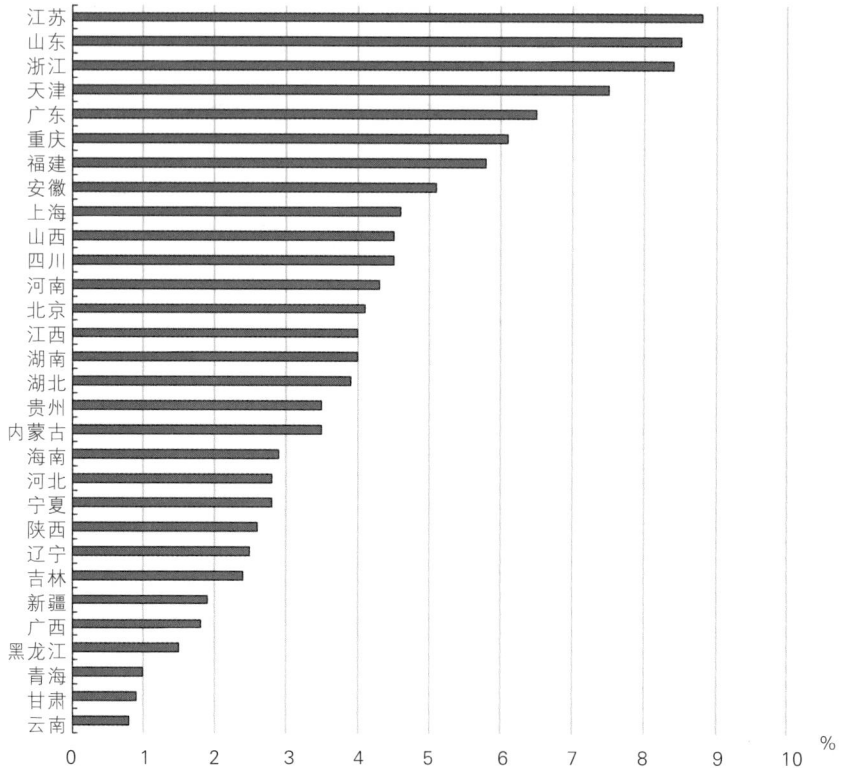

图 2-40　智能制造大都在沿海省份

来源：中国信息化百人会（2018），2017年《中国数字经济发展报告》（中文版）。

注：智能化的制造商指的是制造商超过50%的关键工序都已数字化，管理和控制以及生产和销售一体化，正迈向升级一体化或引入突破性的创新。

（130万个）来自共享经济，雇用人数达到720万人。仅滴滴出行（一个线上打车企业），就为将近400万的下岗工人提供了就业岗位，还为130万无业人员和180万退伍军人提供了就业机会。共享服务的监管应该随着行业的发展及时跟上，以确保使用共享服务的安全性，应对潜在的环境和其他方面的问题。

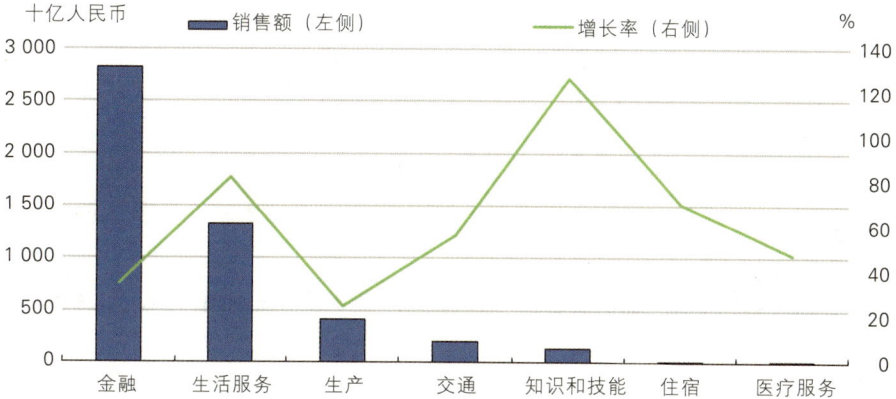

图 2-41 2017年中国共享经济的销售额和增长率

来源：国家信息中心分享经济研究中心，《共享经济发展年度报告（2018）》中文版。

更好的基础和电脑技能培训可以弥合数字鸿沟

在一些关键指标方面，较发达的沿海地区和内陆地区之间确实有巨大的差异。互联网的普及率在一些中西部省份例如云南、甘肃、贵州、河南等只占到北京的一半左右（如图2-42所示）。许多西部和中部城市，例如武汉、西安、成都等城市的人才外流使得弥补这种差距变得难上加难。

互联网普及率在城市为71%，在农村为35%。未普及的原因主要与个人技能相关。不使用互联网的用户中一半人不会操作电脑，另有38%的人不认识对计算机输入内容十分必要的拼音，5%缺乏基础设施（附近没有互联网服务），10%不感兴趣（CNNIC，2018b）。

加强小学和成人教育阶段的基础识字和计算技能培训对于克服互联网使用的障碍至关重要。同时，高级和广泛应用的计算机编程技能对于迎接数字革命也至关重要，因为这种技能最为缺乏（OECD，2015 and Molnar et al., 2015）。

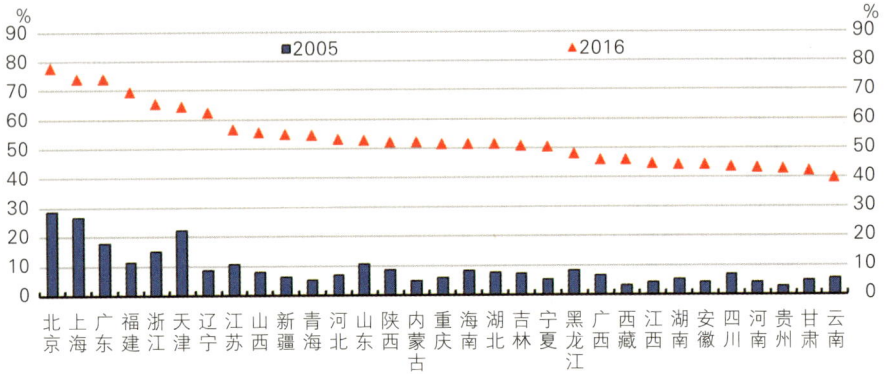

图 2-42　2005 和 2016 年互联网在中国内地的普及率

来源：2017 年《互联网经济蓝皮书》。

2.2.5　空气质量在改善，但需进一步努力

中国已经试图改变不惜一切代价实现增长的思路，环境监管的执法变得更为严格且更多地进行现场检查。此外，人们越来越关注农村污染问题。截至 2018 年 8 月，河北省安装了 3 500 个摄像头以监控农民是否焚烧农业废料，如果有此行为，就予以处罚。此外，改良污染测量和监测设备的监管措施也在不断推出。2018 年 8 月，生态环境部发布了一项为期三年的环境监测行动计划，特别是为了确保政府在各个层面获取的数据没有被造假或修改。将所有与水相关的职责都统一到生态环境部（原来是分别由国土资源部、水资源部和国家海洋局分管），以及将原来由发改委管理的其他环境职责，例如气候变化和减排政策，转移到生态环境部，这可以提高监管的协调性和政策的连贯性。

更多的挑战依旧存在，自 2010 年起，环境污染治理方面的实际投资处于停滞和逐渐减少的状态（如图 2-43 所示）。例如，根据生态环境部的测

算，改善城市河流水质需要投资 1 万亿元人民币，相当于 2017 年 GDP 的 1.2%，或 2016 年全部的环境污染治理投资。农村地区同样有具体的基础设施需求。2016 年，在 14 个省份的农村地区，不到 50% 的人口可以使用卫生、对环境无害的干净厕所。在农村地区同样应开展污染控制改造（国际能源署，2016）。政府应该加大对于环境污染处理设备和环境基础设施的投资以避免任何潜在的公共健康影响。与能源相关的税收收入很少。尽管柴油对环境影响更大，柴油的税率却低于汽油。

近些年在主要城市实施的监管措施已经有效地改善了空气质量，但是中国大部分的人口仍然暴露在严重的空气污染中，预计产生的医疗健康问题将占 2015 年医疗支出的 7%（Barwick et al.，2018）。空气污染还会增加阿尔茨海默病的风险，导致老年人需要长期看护（Bishop et al.，2018）。此外，根据 OECD 的估计，因接触室外 PM2.5 和臭氧而早逝人群的社保支出相当于 2016 年 GDP 的 8.6%（Roy and Braathen，2017）。在当前的政策下，死亡率可能将在 2060 年翻一倍，每百万居民有 1 500 人死亡（OECD，2016），这也反映出老龄化问题，因为老年人更易受环境影响过早死亡。2012 年，在调整年龄结构后，严重的空气污染导致中国在肺癌发病率方面位列全球第十四名（Ferlay et al.，2014）。政府应该通过更加严格的监督执法，对污染者进行更重的处罚、征收更高的税来迅速将污染控制在危害水平以下。

为了更有效地解决空气污染问题，2018 年 7 月中央政府发布了 2018—2020 年清洁空气行动计划。新计划扩大了污染物的治理范围，扩大了城市的范围，包含全部的 338 个地级以上的城市。新计划规定到 2020 年，主要城市的 PM2.5 浓度将下降至每立方米 35 毫克，不过仍明显高于世界卫生组织设定的每立方米 10 毫克。但是这一目标低于北京等城市的监测数据，2017

A.环境污染治理总投资

B.2016年农村无公害厕所覆盖率

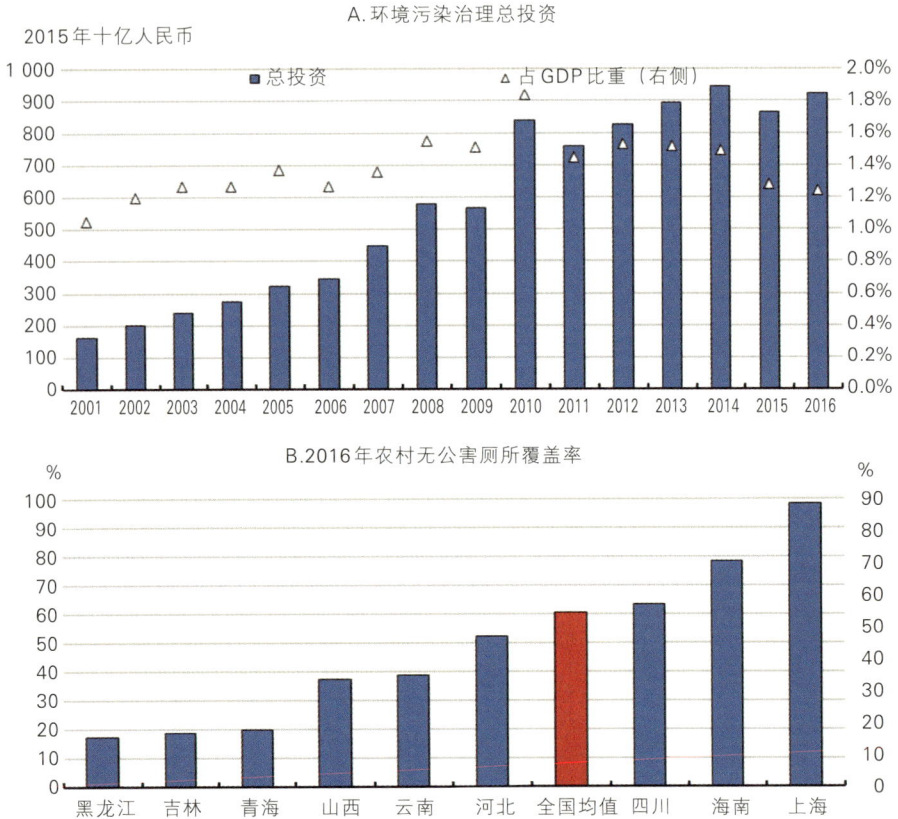

图2-43　环境投资停滞

来源：《中国环境统计年鉴2017》。

年在北京监测到的PM2.5为每立方米58毫克的浓度。2016年，在113个主要城市中，有16个浓度已低于目标值。为了确保PM2.5浓度值为30的城市仍有动力减少污染，每个城市应该设定自己的目标。在特大城市里，住房、商业开发和交通政策的协调有助于减少对于汽车的依赖并促进公共交通的使用，在降低污染的同时，提高生产率，创造就业。这就需要特大城市的治理措施与通勤工作区域相适应。

中国近年来二氧化碳的浓度在不断下降，尽管数值仍高于OECD的平均值（如图2-44所示）。这使得中国可以将人均二氧化碳浓度控制在OECD平均值以下。2020年的目标为降低40%~45%的碳强度，2017年该目标已经实现（气候行动追踪组织，2018）。在取得这些成就的同时，碳排放在2017年和2018年一季度有所增加，但中国有望达成在2030年前二氧化碳排放峰值下降的承诺，降低60%~65%的每单位GDP二氧化碳排放浓度，使其低于2005年水平。中国同时承诺2030年将非化石燃料在主要能源消费中的比重提高到20%。然而，中国并没有做出长期承诺，并且鉴于在2060年要将世界范围内的温室气体减少至零以满足《巴黎协定》要求，当前的承诺远远不够（气候行动追踪组织，2018）。更强的减少碳排放的激励机制将减少空气污染。事实上，燃煤发电厂是主要的污染源，对人类健康影响十分严重（Fei，2018）。

全国的碳排放限额和交易系统在2020年底才生效，而且只覆盖电力行业；其他行业目前没有设定具体日期。中国应该根据与《巴黎协定》相符的目标制定减排目标，设立一条排放许可分配路径，并转向排放许可拍卖制。更强有力的二氧化碳排放定价政策还需要与电价自由化相配合，以使市场可以对成本的变化做出回应（Fei，2018）。

减少工业和发电的煤炭用量是进一步减少二氧化碳排放的关键。尽管可再生能源的比重在今年有所增加，中国正在规划新燃煤电厂（Global Coal Plant Tracker，2018），例如，2018年6月宣布的江西分宜发电厂扩建，就与《巴黎协定》的目标相左。为进一步减少排放，二氧化碳排放的定价机制应该进一步加强；二氧化碳排放中只有9%按照每吨60欧元纳税。60欧元是预计2020年与气候相关的碳成本的中值，也是2030年与气候相关的碳成本的前瞻性低值。如果经济去碳化的行动延迟，投资新的煤炭发电厂也让中国处于必须尽早撤销投资的风险之中。与化石燃料的生产和使用相关的搁浅资产对 GDP 的负面影响是十分巨大的。作为世界上最大的煤炭生产和消费国之一，这个风险对于中国来说影响非常巨大。这一影响会因金融市场的影响而加剧（OECD，2017a）。现有的发电能力足以满足至少到 2025 年的预计电力需求（Fei，2018）。

表 2-11 列出了 OECD 过往关于绿色增长的建议。

表 2-11 　　　　　　　　　OECD 过往关于绿色增长的建议

建议	2017年 OECD 经济调查发布后采取的行动
有效地执行 2016 年 12 月颁布的环境保护税法，加强执法力度，提高环境税	环境保护执法日益严格，更多的是实地检查。2018 年 8 月，生态环境部发布环保监测三年行动计划，特别是为确保各级政府获取的数据不被加工或修改
允许独立的可再生发电厂销售余量能源，将可再生发电扩张与当地电网的延展挂钩	没有采取行动

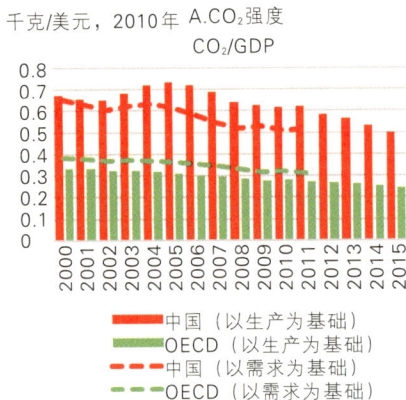

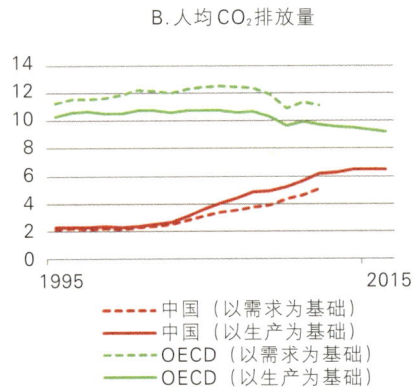

A.CO_2 强度　　千克/美元，2010年　CO_2/GDP

B.人均 CO_2 排放量

中国（以生产为基础）
OECD（以生产为基础）
中国（以需求为基础）
OECD（以需求为基础）

中国（以需求为基础）
中国（以生产为基础）
OECD（以需求为基础）
OECD（以生产为基础）

C.能源强度
总计安装级能源供应/GDP
千吨油当量/美元（2010年购买力平价）

D.可再生能源占比
占总计初级能源供应比重

E.PM2.5人群暴露

F.市政废弃物处理
2016年或最近数据
千克/人均

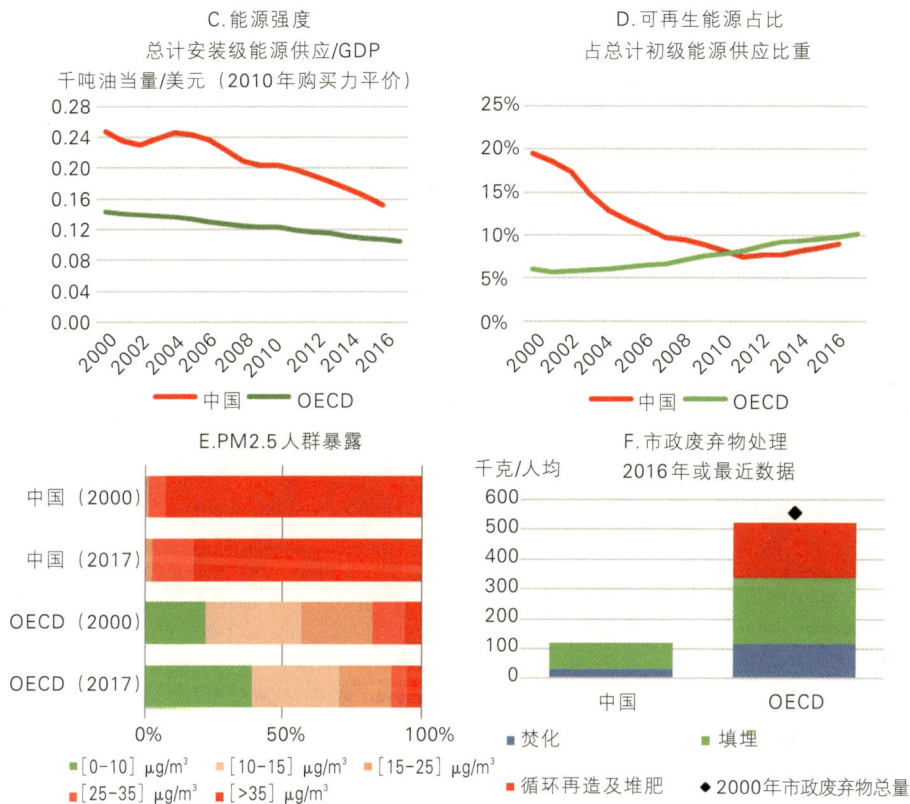

图2-44　绿色增长方面存在很大改进空间

来源：OECD绿色增长指标数据库。

2.3 参考文献

Adelet McGowan M., D. Andrews and V. Millot（2017），"Insolvency regimes, zombie firms and capital reallocation", *Economics Department Working Papers 1399*, OECD Publishing, Paris, https://doi.org/10.1787/18151973.

Adelet McGowan M., D. Andrews and V. Millot（2017），"The walking dead? Zombie firms and productivity performance in OECD countries", *OECD Economics Department Working Papers 1372*, OECD Publishing, Paris, https://www.oecd.org/eco/The-Walking-Dead – Zombie-Firms-and-Productivity – Performance-in-OECD-Countries.pdf.

Asian Development Bank（2018），*Asian Development Outlook 2018 Update-Maintaining Stability amid Heightened Uncertainty*, Asia Development Bank Publishing. https://www.adb.org/sites/default/files/publication/452971/ado2018-update.pdf.

Barwick, P.J., S.Li, D.Rao, and N.Zahur（2018），"The morbidity cost of air pollution: Evidence from consumer spending in China", *NBER Working Paper No.24688*. http://www.nber.org/papers/w24688.

De Beule, F., D.Somers and H.Zhang（2018），"Who follows whom? A location study of Chinese private and State-owned companies in the European Union", *Management International Review*, Vol. 58（1），https://www.researchgate.net/publication/320839131.

Deng, J.(2018)，"The National Supervision Commission: A new anti-corruption model in China", *International Journal of Law, Crime and Justice*, Vol. 58. https://doi.org/10.1016/j.ijlcj.2017.09.005.

Deng, W., J.Zhang, H.Zhuang and L.Hao（2018），The Annual Report on Urban Housing Development in China 2016-2017.Beijing : China Architechture Publishing & Media, 2018.

Égert, B.(2017)，"The quantification of structural reforms: extending the framework to emerging market economies", *OECD Economics Department Working Papers 1442*. OECD Publishing.https://doi.org/10.1787/18151973.

Fei, T.(2018)，"Coal transition in China.Options to move from coal cap to managed decline under an early emissions peaking scenario", IDDRI and Climate Strategies, https://www.iddri.org/sites/default/files/PDF/Publications/Catalogue%20Iddri/Rapport/20180609_ReportCOAL_China_0.pdf.

Ferlay J., I.Soerjomataram, M.Ervik, R.Dikshit, S.Eser, C.Mathers, M.Rebelo, D.M.Parkin,

D. Forman, F. Bray（2014），"Cancer incidence and mortality worldwide：Sources, methods and major patterns in GLOBOCAN 2012"，*International Journal of Cancer*, Vol.136, https://onlinelibrary.wiley.com/doi/full/10.1002/ijc.29210.

García-Herrero, A., T.Marbach, and J.Xu（2018），"European and Chinese trade competition in third markets：the case of Latin America"，*Bruegel Working Papers*, http://bruegel.org/wp-content/uploads/2018/06/WP-2018-06_-060618.pdf.

Garcia Herrero, A. and J.Xu（2018），"How big is China's digital economy？"，*Bruegel Working Papers 2018-4*.http://bruegel.org/wp-content/uploads/2018/05/WP04_Digital-economy_Bruegel.pdf.

Girardin, E., S.Lunven and G.Ma（2017），"China's evolving monetary policy rule：from inflation-accommodating to anti-inflation policy"，*Bank of International Settlements Working Papers No.641*.https://www.bis.org/publ/work641.pdf.

Guillemette, Y.and D.Turner（2018），"The long view：Scenarios for the world economy to 2060"，*OECD Economic Policy Paper 22.OECD* Publishing.https://doi.org/10.1787/b4f4e03e-en.

国家信息中心.中国共享经济发展年度报告（2018）[R]. 2018.http://www.sic.gov.cn/archiver/SIC/UpFile/Files/Default/20180320144901006637.pdf.

郭京京,穆荣平,张婧婧,等.中国产业国际竞争力演变态势与挑战[J]. 中国科学院院刊, 2018,33(1):56-67.

Hou, F., A.Wang and T.Wu（2017），"A digital upgrade for Chinese manufacturing"，*McKinsey Quarterly*, Vol.2017（2）. https://www.mckinsey.com/featured-insights/china/a-digital-upgrade-for-chinese-manufacturing.

Huang, Y.（2008），"Pursuing the second best：The history, momentum and remaining issues of China's anti-monopoly law"，*Antitrust Law Journal* Vol.75（1）. https://www.jstor.org/stable/27897571.

International Energy Agency（2016），*Energy and Air Pollution-World Energy Outlook Special Report*.International Energy Agency Publishing, Paris.https://webstore.iea.org/weo-2016-special-report-energy-and-air-pollution.

IMF（2017），*People's Republic of China：Financial System Stability Assessment*, available at https://www.imf.org/en/Publications/CR/Issues/2017/12/07/people-republic-of-china-financial-system-stability-assessment-45445.

Li, S.（ed.）（2018），*Urbanisation in China：New Phase, New Trend and New Thinking*,Economic Science Press.

Li, S., J.He and H.Zhang（2018），"Regional divergence in China：The perspective of value chain",unpublished manuscript.

李善同,侯永志. 中国区域协调发展与市场一体化[M]. 北京:经济科学出版社,2008.

李实,朱梦冰,詹鹏. 中国社会保障制度的收入再分配效应[J]. 社会保障评论,2017(4):
  5-22.https://www.euchinasprp.eu/images/documents/Component1Cn/LiShiCN.pdf

Lombardi,M.J.,M.S.,Mohanty and I.Shim（2017）,"The real effects of household debt
  in the short and long run",*BIS Working Papers 607*,https://papers.ssrn.com/sol3/pa-
  pers.cfm? abstract_id=2906555.

工业和信息化部办公厅. 中国信息通信业发展指导[M]. 北京:人民邮电出版社,2018

Molnar,M,Y.Li and T.Yan（2019）,"China's outward direct investment and its impact on
  employment",*OECD Economics Department Working Papers*,forthcoming.

Molnar,M.and J.Lu（2019）,"State-owned firms behind China's corporate debt",*OECD
  Economics Department Working Papers* 1536, OECD Publishing. https://doi. org /
  10.1787/18151973.

Molnar,M.,H.Xu and N.Khor（2019）,"Who patents,how much is real invention and how
  relevant? -A snapshot of firms and their inventions based on the 2016 SIPO China
  Patent Survey",*OECD Economics Department Working Papers*,forthcoming.

Molnar,M.,T.Chalaux and Q.Ren（2017）,"Urbanisation and household consumption in
  China" , *OECD Economics Department Working Papers 1434*, OECD Publishing,
  https://doi.org/10.1787/d8eef6ad-en.

Molnar,M.,B.Wang and R.Gao（2015）,"Assessing China´s skills gap and inequalities in
  education",*OECD Economics Department Working Papers 1220*,OECD Publishing.
  https://doi.org/10.1787/5js1j1805czs-en.

OECD（2018）, *Effective Carbon Rates 2018*.OECD Publishing, https://www. oecd-ili-
  brary.org/taxation/effective-carbon-rates_9789264260115-en.

OECD（2017a）,Investing in Climate,Investing in Growth,OECD Publishing,Paris,http://
  dx.doi.org/10.1787/9789264273528-en.

OECD（2017b）, *OECD Economic Surveys: China*.OECD Publishing, Paris. http://www.
  oecd.org/eco/surveys/economic-survey-china.htm.

OECD（2017c）,*PISA 2015 Results-Students Financial Literacy Volume IV*.OECD Publish-
  ing,Paris,http://dx.doi.org/10.1787/9789264270282-en.

OECD（2015a）, *OECD Economic Surveys: China*.OECD Publishing, Paris. http://www.
  oecd.org/eco/surveys/China-2015-overview.pdf.

OECD（2015b）, *The Metropolitan Century: Understanding Urbanisation and its Conse-
  quences*,OECD Publishing,Paris,http://dx.doi.org/10.1787/9789264228733-en.

OECD（2014），*Perspectives for Global Development*. OECD Publishing，Paris. https：//www.oecd.org/dev/pgd/EN_Pocket%20Edition_PGD2014_web.pdf.

OECD（2006），*Challenges for China's Public Spending-Toward greater effectiveness and equity*. OECD Publishing，Paris. http：//www.oecd.org/china/challengesforchinaspublicspendingtowardgreatereffectivenessandequity.htm.

商务部，国家统计局，国家外汇管理局．2016年中国对外直接投资统计公报［M］．北京：中国统计出版社，2017.

Sheng，H.，N.Zhao and J.Yang（2015），*Administrative Monopoly in China-Causes, Behaviours and Termination*. World Scientific Publishing，Singapore.

Yuan，Y. and M.Jin（2017），"Financial Literacy in China：Priorities and a Direction"，unpublished manuscript，https：//csd.wustl.edu/Publications/Documents/WP17-37.pdf.

中国信息化百人会．2017年中国数字经济发展报告［R/OL］，2018.

中国互联网络信息中心．数字中国建设发展报告［R］．2018.

中国互联网络信息中心．中国互联网络发展状况统计报告［R］．2018.

中国互联网络信息中心．中国互联网发展研究系列报告［R］．2016.

Climate Action Tracker，updated on 27.8.2018，https：//climateactiontracker.org/countries/china/.中国人民银行．2017年消费者金融素养调查分析报告［R］，2017.

中南财经政法大学中国收入分配研究中心．中国居民收入与财富调查报告（2017）［M］．北京：经济科学出版社，2018.

统一产品和劳动力市场，激发地区潜能

过去几十年，中国的地区发展令人瞩目，创造统一的产品和劳动力市场可以进一步挖掘地区的发展潜能。地方保护不仅会增加商业活动的交易成本，还会阻碍公平竞争，从而制约生产率的增长。行政性垄断长期存在且难以消除。户籍限制及碎片化的养老体系阻碍了劳动力的流动性。此外，地方法规更注重收缴地方税，否则城市将无法为流动人口提供与常住人口同等的公共服务。因此，逐步取消地方规章并创造新的统一产品及劳动力市场需要与政府内部财政改革同时进行。

最近在产品市场和劳动力市场采取的措施意在弥补过去十余年内的缓慢进展。有资料显示这些措施初见成效：中国各级地方区域发展的差距正在缩小。省间差距较省内差距缩小得更快。产品和劳务市场的统筹将降低交易成本，从而可以在中长期提高生产力，但也可能扩大已然严峻的地区间差距。因此，有必要加强转移支付并实现教育和卫生等重点领域的支出再集中化。以基础设施投资促进互联互通，以帮助落后地区的政策初见成效，但此类基础设施投资需做好成本效益分析以提高资本配置效率，并且应该考虑外部性问题。虽然各省间在多个维度上存在显著差距，比如收入、财富或教育资源等存在显著差距，但最大的是城乡差距。十九大提出的乡村振兴战略有望解决这一问题。近期出台的城市群培育战略也有望惠及城市间的农村区域。

中国地区众多，各地人均收入由低中等收入到高收入不等，地区人口年龄结构也存在显著差异，有的地区人口同印度一样偏年轻，而有的地区人口则与韩国一样偏老龄化。全国预期寿命同样存在巨大差异，北京人口的预期寿命为80岁，接近发达国家水平，而西藏人口的预期寿命为68岁，与印度类似。在人口密度方面，中国既有比美国人口密度低的地区，也有比韩国人口密度还高的地区。地理禀赋决定了人口的空间分布，进而影响了经济活动的分布。拥有大型制造业集群的出口型省份似乎生产率最高，但农业生产率却远落后于更发达的经济体。

中国省级的人均国内生产总值泰尔指数为0.09（2016年），低于印度各邦的0.15（2014年），但高于美国各州的水平（2016年为0.04）。相比之下，省内差距比省间差距更大，这很大程度上显示了城乡差距的严峻性。实际上，一个普通城市居民的收入几乎是一个农村居民收入的3倍，资产几乎是后者的5倍（Molnar et al.，2017）。农民工处于城市和农村居民之间，收入是城市居民收入平均值的一半，持有的资产则少于城市居民平均值的一半。城乡教育和卫生资源分布不均，城市享有更便利、更优质的资源。享受教育资源，尤其是义务教育资源，需要居住在生源地；卫生资源人人共享，只是如果居民不属于某医疗机构服务区，则其享受的医疗费用报销比例较低。因此，城市居民卫生支出分别是农村居民的2倍，农民工的1.5倍，而教育支出则分别是农村居民的3倍、农民工的2倍。

过去几十年，中国的地区发展令人瞩目，统一产品和劳动力市场可以进一步挖掘地区的发展潜力。统一的产品市场能够节约由法律法规的变化、其他贸易壁垒、产品流动和跨地区活动等方面带来的交易成本，从而提高效率。地方政府出台的阻碍竞争的法规持续对生产率产生负面影响，从而限制了追赶先进地区的速度。同样，统一劳动力市场可以促进人力资源流向劳动力价值最高的地区，进而提高效率。户籍制度强化了支付和社会保障上的不平等，显著降低了生产率。教育资源分配的高度不平衡加剧了机会的不均衡（OECD，2015），并阻碍向上的社会流动。农村地区更为匮乏的医疗服务以及农民工在城市打工较低的报销比例，严重影响了农民工的健康，从而同样阻碍了生产率的提高。

3.1 逐步废除地方保护以统一产品市场

长期以来，地方保护一直阻碍着中国产品市场的统一，降低了资本分配的效率（陈平等，2016）。地方保护行为包括：阻碍外部企业进入或退出，在定价或地方采购招标方面歧视外部企业。2007年出台的《中华人民共和国反垄断法》（以下简称《反垄断法》）已禁止上述限制公平竞争的行为。许多反垄断调查案件都涉及公用事业，这些公用事业或是捆绑服务，指定建筑商、限制消费者选择，或是以其他形式滥用优势地位限制竞争，从而增加了消费者的额外成本（Horton，2016）。企业，尤其是国有企业，经常试图通过减少竞争以保护商业利益，除此之外，地方政府还授予地方企业垄断权力（见专栏3-1和Schneider，2010）。地方保护的产生与地方政府希望保证辖区内的税基，同时刺激地方产品和服务的生产从而与增加税收紧密相连。

专栏3-1　行政性垄断

行政性垄断指滥用行政权力从而阻碍竞争的行为。中国行政性垄断的产生与国家权力渗透经济各个领域以及垄断企业同政府关系紧密有关（Huang，2008）。

与市场垄断相比，行政性垄断由行政部门产生，通过行政部门颁布的法规或法令授予企业。

行政性垄断最普遍的形式是设置地方市场准入门槛或投入产出市场优惠定价，少数情况下，也可能涉及免费投入的资源，如土地。

行政性垄断的产生形式可以是直接立法，也可以是向人大提交现有立法执行条例的修正案。

在OECD术语中，行政性垄断被列在产品市场监管指标下的反竞争条款中，并与国家介入的范围、进入壁垒以及显性/隐性贸易和投资壁垒相关。

来源：Sheng et al.（2015）.

虽然可以依据《反垄断法》处理公用事业或其他企业滥用优势地位的问题，但由于行政性垄断源于行政部门滥用权力，仅靠《反垄断法》难以解决问题，还需要限制有关部门的权力，加强法治建设。实际上，往往是法律本身的模糊性使执法部门有了自由裁量权。缺乏明确和详细的法律执行条例留下了对法律自由解释的很大空间，比如说因为外商投资相关法律不清晰、不具体，导致中国各地投资环境不同。因此，解决地方保护这一行政性垄断需要更清晰、更具体的法律法规，以便在实施过程中留下更少的自由裁量权。

针对地方保护的系统调查，唯一对公众公开的调查要追溯到10年前（李善同，侯永志，2008；世界银行，2005）。21世纪初，最受地方政府保护的行业是烟草和饮料业，其次是交通设备、农业、食品、公用事业、石油、文化、教育和卫生、药物和电子产品（见专栏 3-2）。地方保护表现在：缺乏司法独立性、政府采购歧视以及对劳动力市场的介入等方面。然而，过去 15 年已有较多结构性变化和改革产生。随着人口快速老龄化，劳工短缺现象逐渐出现，因此地方政府不太重视保护当地的劳动力市场。在实现司法公正的过程中，一个具有突破性的变化是法官需对其审理的案件终身负责。此外，中国已建立法官职业保障制度，且地方法院财务由省级法院统管。尽管有以上的变化和改革出现，但是地方保护尚未得到根除。

专栏 3-2　中国国务院发展研究中心和世界银行共同进行的地方保护研究——基于问卷调查

　　该研究主要基于 2013 年对 3 156 家企业的问卷（有效问卷）调查，调查范围涵盖了中国所有的省份，其中规模越大的省份样本数量越多。这项基于问卷的调查总结了 42 种地方保护形式，分为 8 个大类，即直接控制销售量、价格限制和地方补贴、质检歧视、对地方进口产品进行检查的非正式限制措施、对原材料投入的介入、对劳动力市场的介入、对投融资的介入以及对技术转移的介入。

　　当时，公众普遍认为地方保护在司法独立、政府采购和劳动力市场中的干预非常有害。大多数被调查的企业称，外部企业起诉本地企业时，地方司法部门故意拖延审理案件。调查显示当时公众认为司法环境最弱的地区包括黑龙江、广西、山西、江西、湖北、贵州、云南、陕西、甘肃和宁夏，而在上海、江苏、浙江、福建、山东和广东的企业对当地的司法环境则较为认可。政府采购中地方保护现象在金融和保险业、邮政和电信、建筑、科技、文化、教育和卫生行业非常严重，在北京、安徽、江西、福建和四川地区也很严重。

　　来源：李善同，侯永志（2008）以及世行（2005）。

3.1.1　目前中央要求地方政府清除反竞争措施并实施公平竞争审查制度

地方保护政策的广泛存在促使中央政府于2017年12月要求各地方政府自查限制竞争的措施，并在一年内全部清除。事实上，截至2018年底，各地共审查82万份文件，其中超过2万份文件中存在地方保护、违反竞争法律或形成市场壁垒的行为。此外，2%的市级政府和15%的县级政府尚未启动实施公平竞争审查制度。

国家发展改革委、财政部和商务部共同发布《2017—2018年清理现行排除限制竞争政策措施的工作方案》（以下简称《工作方案》），旨在清除限制竞争的地方保护措施，表明中国政府高度重视这一问题。配合该方案，住房和城乡建设部于2018年3月发布通知，号召各级住建部门自行上报所有妨碍建筑市场开放、统一和充分竞争的措施。上述通知旨在打破行政性垄断，破除限制跨省活动的不合理的市场障碍。此外，2017年5月，8个部门联合印发了《关于支持"飞地经济"发展的指导意见》（发改地区〔2017〕922号）（"飞地经济"指在联合管理模式下，适用于另一地区先进经验的特殊区域），明确指出清除跨地区限制的目标。该指导意见中提出将促进各地行政许可、注册、海关手续和质检结果互认。尽管该指导意见主要针对"飞地经济"，但上述条款对统一产品市场具有更广泛的意义。

《工作方案》发布前，国务院于2016年6月印发《关于在市场体系建设中建立公平竞争审查制度的意见》（以下简称《意见》），并于2017年10月出台详细的《公平竞争审查制度实施细则（暂行）》（以下简称《实施细则》）。其中定义了政府发起或庇护的反竞争性行为包括"地方保护、区域封锁、行业壁垒、企业垄断，违法给予优惠政策或减损市场主体利益"。《意见》确定了18项公平竞争审查制度标准，而《实施细则》细分了各项标准下的禁止行为。这18项标准需同时得到遵守，否则相关的法规或其他措施均无法出台。《实施细则》确保了未来不会产生新的限制竞争的行政性垄断，而《工作方案》则旨在解决历史遗留的行政性垄断措施。

鉴于《反垄断法》并没有规定如何纠正政府的行政性限制竞争行为，因而可以说《实施细则》的作用更为显著（Chan，2009）。实际上，目前没有充分有效的机制可以确定哪些行政性垄断可以被打破。《反垄断法》第五十一条规定，违反该条例的部门由上级机关责令改正，但上级机关在解决争议时可能难以确保公正性。该条款还要求对直接负责的主管人员给予行政处分。

《实施细则》虽然可能更具效力，但并未明确提出如果政府主体不服从将采取何种具体的制裁措施。针对个人行为，《实施细则》中提到将依政府纪律处分条例对违反相关规定的个人进行处理。1989年出台的《中华人民共和国行政诉讼法》（2017年修订）中包含保护人权和财产权的条款，个人可据此提起诉讼。此外，《反垄断法》在整体执行中权威性还不够。此前各自独立的三大反垄断执法机构合并后有望提高执法独立性和执法效力。此外，反垄断执法也需要基于规则，更加透明。

3.1.2 行政性垄断分布广泛

虽然针对行政性垄断的范围和种类目前尚无整体数据，但近期政府相关部门的披露提供了一些信息，表明地方政府为保护当地企业所采取的众多措施。截至2018年4月，全国性跨部门的《工作方案》以及国家发改委前价格监督检查和反垄断局（现归于新成立的国家市场监督管理总局）所针对和披露的地方政府行政性垄断措施多见于住宅建设、服务采购、招标、保险以及医药产品和服务领域，具体措施包括：选择特定服务供给商，阻止外部企业参与地方招标。2014—2017年已公开报道的案件达61个，这主要是由于此前中央政府曾要求各省披露两起案件。上述案件中半数以上由发改委公布，

1/3由公众披露，其中28%的案件涉及政府采购（如图3-1所示）。

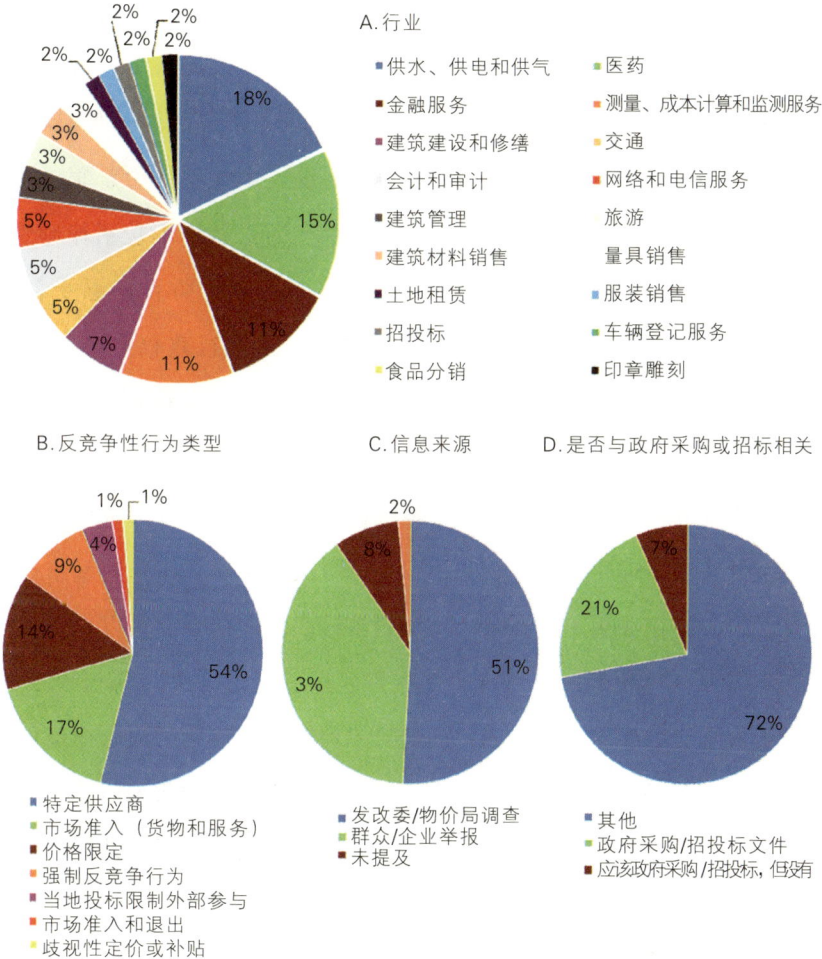

A.行业
- 供水、供电和供气
- 金融服务
- 建筑建设和修缮
- 会计和审计
- 建筑管理
- 建筑材料销售
- 土地租赁
- 招投标
- 食品分销
- 医药
- 测量、成本计算和监测服务
- 交通
- 网络和电信服务
- 旅游
- 量具销售
- 服装销售
- 车辆登记服务
- 印章雕刻

B.反竞争性行为类型
- 特定供应商
- 市场准入（货物和服务）
- 价格限定
- 强制反竞争行为
- 当地投标限制外部参与
- 市场准入和退出
- 歧视性定价或补贴

C.信息来源
- 发改委/物价局调查
- 群众/企业举报
- 未提及

D.是否与政府采购或招标相关
- 其他
- 政府采购/招投标文件
- 应该政府采购/招投标，但没有

图3-1 地方保护的案件比例

来源：国家发改委价格监督检查与反垄断局。

注：图A将案件按行业划分，各个案件属于某个特定行业。图B将案件按照反竞争行为划分，各个案件可能涉及多种反竞争行为。该表仅限于2014—2017年国家发改委价格监督检查与反垄断局公布的案例（共61例）。

进入法庭审理的案件数量仅20个，主要在广东省和北京市，且主要是互联网、食盐和交通行业的案件（如图3-2所示）。2017—2018年相比于前几年案件数量有所上升，3/4的案件以政府获胜告终。对于想在某地经营的企业来说，只有在别无他选时才会考虑把当地政府告上法院。不过，即便它们对地方政府提起诉讼也不大可能胜诉。原告胜诉率低是因为原告需要提供地方政府滥用权力的证据，而这在大多数案件中都很难提供。此外，一些案件显示，即便胜诉了，原告除了诉讼费（不包括律师费用）得不到其他补偿。由于担心潜在后果，许多企业都想方设法忍受各种地方保护措施。因而，如原告不必提供地方政府滥用行政权力的证据，将有利于披露更多的行政性垄断案件，进而减轻原告提起诉讼的财务负担。

如企业希望在某地经营则需在当地注册一个子公司或分支机构，这一要求虽说不合法却普遍存在（见表3-1）。OECD成员中联邦体系国家内各地可能拥有不同的法律法规，但在某个司法管辖区内注册的企业可以在该国各地营业，不需要在其他辖区注册（虽然需要取得必要的执照）。在中国，地方政府出于安全考虑要求企业在当地注册，以便在出现问题时向企业追责。地方政府的另一个考虑是税收收入。企业应在其注册地缴纳收入所得税，但不具有独立法人资格的分支机构（如非独立经营的子公司）只需共同缴纳所得税的50%。企业所得税在中央和地方政府之间以60：40的比例分摊。企业通常在经营活动所在地缴纳增值税，即使是不具有独立法人资格的分支机构也是如此，除非总部集团按照合并纳税的办法，例如由总部支付所有增值税，但这需要经过总部所在地的地方财政和税务机构批准。显然，总部机构所在地的地方政府有动力推进合并纳税。前述的增值税和企业收入所得税似乎是取消当地注册要求的重大障碍。为有效废除企业在当地注册的要求，与

A.大多数案件在广东和北京审理

案件数量(个)

B.互联网行业案件占1/3

互联网 32%
食盐 26%
交通 21%
文化和体育 11%
版权 5%
建筑 5%

C.近年来更多公司提起诉讼

案件数量(个)

D.3/4的原告败诉

败诉
胜诉

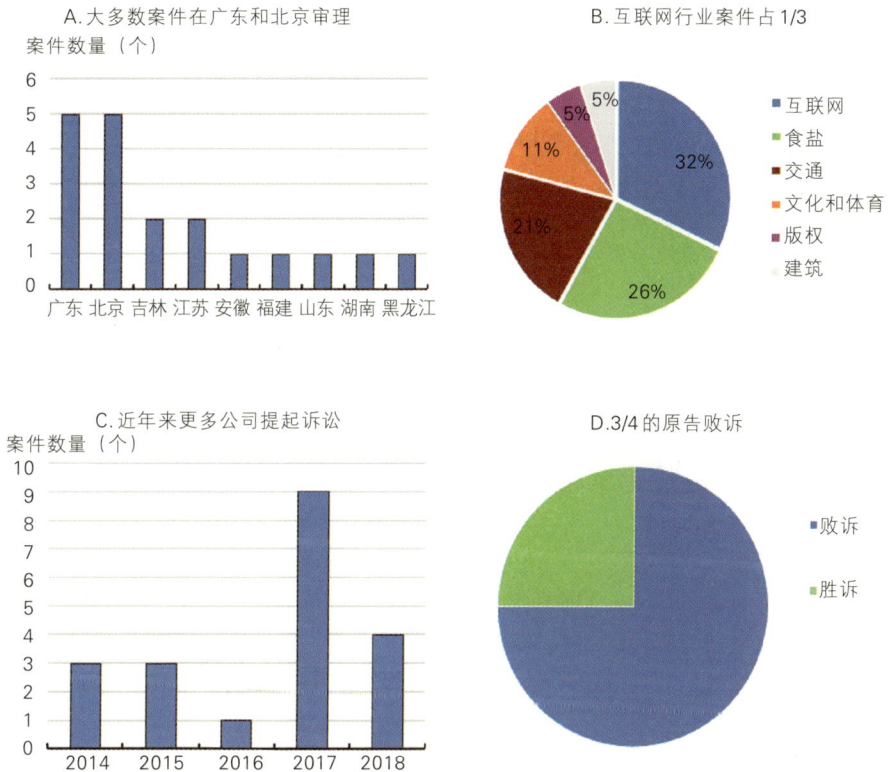

图3-2 地方限制竞争的行政性垄断案件的分布情况

来源:裁判文书网 http://wenshu.court.gov.cn。

注:截至2018年4月共20个案件进入诉讼程序。

企业有关的税收,包括企业所得税和增值税,应该在中央层面统一征收,或者在生产或销售等经济活动的发生地征收,而非由公司注册所在地征收,没有其他的例外。否则,地方政府将继续设法吸引企业在当地注册。

表 3-1 地方法规中采购和交通领域的保护措施

限制竞争措施涉及的领域和类型	颁布年份	省份/市县	文件或项目	内容
采购：需要先在地方注册	2018	江西南昌新建区	税务管理文件	在当地注册是建筑公司参与竞标的一个前提
	2015	北京	北京公立银行采购	给予在试点地（试点地仅在北京）注册的企业更高的信用
	2015	山西	山西基础医药和低价医药集中采购招标	限制外部中标商的销售范围。外部中标商仅能在山西南部和北部销售，当地企业则可以在山西全省销售
	2015	辽宁	辽宁省医院药物集中采购规则执行中的经济和技术评估标准	除规定的人数外，最多2家拥有本地品牌的辽宁纳税人如能提供同样的竞标价格即可参与竞标
	2015	深圳	警用设备政府采购文件	参与竞标的条件之一是在当地有代表机构
	2011	内蒙古自治区	内蒙古自治区网络及其他设备政府采购	参与竞标的条件之一是持有当地执照至少1年
采购：指定供应商	2018	河南封丘县	县政府会议纪要	指定中诺医药有限公司担任该县药物及医药设备唯一供应商
	2018	江西宜春和鹰潭	盐销售通知	宜春市和鹰潭市指定各自市内盐批发商名单
	2017	湖北天门	建筑项目农民工工资国库管理通知	天门市人力资源和社会保障局规定建筑工资需在指定的三家银行开设农民工工资账户
	2017	安徽六安	安全生产责任保险采购通知	如参与采购过程，18个产业部门需从指定的保险公司购买安全生产责任保险
	2017	上海	2016年终当铺审计通知	上海指定一家会计公司审计所有当铺
	2017	西安	西安国土资源局关于房地产产权登记工作的通知	西安市内两个辖区分别指定两家公司进行勘测工作
	2016	四川南充	药品委托运输合同	南充市太极医药有限责任公司被指定为该市独家药品委托运输公司
	2014	山西晋中	住房和城乡建设局会议纪要	山西恒隆有限公司被指定为所有建筑合同的独家检验公司

限制竞争措施涉及的领域和类型	颁布年份	省份/市县	文件或项目	内容
采购：指定供应商	2013	内蒙古自治区	内蒙古自治区公安厅采购电子和实体公章系统的文件	自治区公安厅向自治区内所有分局强制推行内蒙古恭安金丰网络印章科技有限责任公司（注册于自治区省会）提供的公章系统全套服务，自治区公安厅不批准由其他公司生产的、未使用恭安金丰系统的公章
	1995	北京	北京交管局关于北京市交通违章罚款的通知	指定工商银行北京市分行作为北京市交通违章罚款唯一代收银行
市场准入	2018	山东临沂	选择招标代理公司	通过抽签方式而非依据资质挑选招标代理公司
	2017	湖南	发电厂设备供应商	小规模发电厂设备供应商数量有限
	2010	广东中山	燃气业行为准则	罐装液化气供应商必须加入行业协会并支付担保金
	2017	江苏苏州	苏州驾驶员培训市场方案	驾驶员培训市场新进入者必须使用一种软件，通过该软件注册费用比通过其他方式注册费要高
定价	2016	山东济南	规范太阳能供热系统的通知	有关当局对太阳能发电设备售价低于当地行业协会确定价格的公司进行惩罚
货物运输：区别对待当地货车和外地货车	2018	广州	进一步调整市内货车行驶路线的通知	当地和外地牌照的货车在货车大小和时间上受不同的行驶规则限制
	2014	北京	以限行减少污染物排放的通知	对当地和外部牌照的车辆在限行区域和限行时间上区别对待
	2017	成都	成都公安和交通运输管理局关于货车限行的通知	外地货车不得申请进入市中心

来源：OECD根据已公开的地方法规整理而成。

陆路运输领域针对外部服务供给商的歧视也十分突出。北京、成都和广州等大城市在限行规则上对当地和外地牌照货车进行区别对待。这种区别对待体现在不同方面，包括卡车重量、限行区域和限行时间等。虽然限制货车进入内城区出于环境考虑是合理的，但给当地货车优先权而限制外部竞争者则可能导致价格增高、效率降低。

有些因行政性垄断而产生的限制竞争措施并非依据任何官方文件产生，而是在执行中出现的。例如，虽然所有符合条件的企业都有权获得出口增值税退税，但地方政府可能延迟退税以迫使出口商提供免费的"信贷"。同样，供应商的利益也可能因延迟支付而被损害。上述行为给出口商和供应商造成了额外负担，打击了他们的竞争力。

有些人支持建立行政性垄断的行政条例，他们经常把自己刻画成消费者利益的捍卫者。因此，有必要要求监管机构在颁布任何新条例前先确定市场在哪里失灵了，出现了什么系统性问题。

即便不存在针对外部企业的歧视，由于中国监管体系的分散，全国范围内经营的企业也需要在每个城市申请执照。网上打车公司滴滴出行的例子显示，获取中国所有300个地市级城市的营业执照可能需要整整3年时间（由于需提交公司注册原件，因而不能在多地同时申请执照）。最近，针对快递公司需要在每个运营城市获得营业执照的一项补救措施，是2018年5月开始施行的国务院第697号令《快递暂行条例》，允许经营快递业务的企业开办快递末端网店，只需向所在地邮政管理部门备案，而无须办理营业执照。

一个更为严重的问题是，针对新兴产业的监管法规的出台相对滞后。例如，目前仅有几个省份出台了针对线上打车服务的管理条例，而在其他省份，线上打车服务仍处于灰色地带。出台国家层面上的管理条例不仅能明确类似新服务提供商的地位，还将大幅减少交易费用、提高效率。

早在15年前政府采购就成为最容易出现行政性垄断的领域之一。尽管法规变得越来越严格，但现在仍是如此。发改委上报的61个案例中有8例涉及招标采购，还有更多案例可见于媒体。有些行业，地方政府强制要求在当地注册、对竞标商区别对待等现象更为普遍，比如建筑业，政府已针对这些领域内的行政性垄断措施出台具体文件。考虑到行政性垄断是个跨部门的问题，2017年9月，财政部、国税局、住建部联合出台文件，旨在创造竞争性市场环境。为避免招标文件中出现任何限制竞争的潜在条款，招标文件可由竞争主管部门审核。

如企业希望在某地经营，地方政府可能要求其在当地注册，但即便外部企业在当地注册了也未必能参与竞标，因为参与竞标的条件可能还包括在该省或城市经营达一定时间。例如，内蒙古网络及其他设备的供应商需在当地注册，且需持有当地执照才能参与政府采购竞标。为满足上述要求，外部企业经常与当地的企业合作参与地方合同的竞标。

另一种限制外部竞争的措施是要求使用特定技术（当地企业"恰好"使用该技术）以提供服务。一个典型的例子是环境服务，中央政府以服务是否能达到政府目标作为竞标商遴选标准，而地方政府可能在招标文件中额外规定需要采用某种特定的技术。对于环境和其他服务的提供应该是技术中性的，这样才能建立更为公平的竞争环境，激发创新并探索更高效的技术以实现环境等领域的目标。

3.2　统一劳动力市场促进增长和包容性发展

尽管中国居民在其注册地以外的地区工作时不需要申请工作许可证，但由于公共服务的提供与户口相连、养老金可接续性弱等因素，劳动力流动仍然受到限制。虽然存在上述阻碍，但在经济因素的驱动下，近几十年里中国出现大规模的人口流动，主要由农村流向城市，使得中国的城镇化水平（按常住人口计算）从1995年的32%飙升至2017年的59%。相比之下，中国的户籍城镇化率（按户籍计算）在1995年为24%，2017年为42%，与按常住人口计算的城镇化水平形成鲜明对比。两组数据存在差别是由于部分农民工（体力劳动者或专业人才）没有居住地户口。2017年流动人口达2.86亿人，接近中国人口总数的20%（见专栏3-3）。建立更加统一的劳动力市场可以进一步提高城镇化水平，从而在某种程度上改善资源分布。相应地，更高程度的城镇化率将促进城市地区的经济增长，因为城市和周边地区的劳动生产率由于城市群效应往往更高（OECD，2014）。此外，各省城镇化水平差距较大，由于低城镇化与低人均收入有关，因而缩小省间城镇化差距将促进公平。中国正在努力刺激个人消费，提高城镇化水平也有利于促进个人消费（Molnar et al.，2017）。尽管过去20年中国城镇化水平大幅提高，但与同等发展水平的国家相比，中国的城镇化率仍然偏低，因此，统一劳动力市场将进一步促进中国的经济发展（如图3-3所示）。

人口迁移能提高城镇化率和生产率，但事实上也产生了二等城市居民，进而对社会和经济造成影响。并非所有从农村流向城市的农民工都想转户口，因为许多人可能失去农村的土地，但即便农民工愿意转户口，他们能否落户也因城而异，且与其自身条件相关。大学毕业生很抢手，更易获得户口。近期，50多个大城市颁布了吸引大学毕业生的政策。如从2018年2月起，西安向大学毕业生提供当地户口，并计划以此吸引100万名毕业生。天津、南京及其他大城市也出台了类似的政策，希望从其他城市吸引年轻毕业生，此举有利于促进全国毕业生劳动力市场的统一。在某些城市，拥有房屋所有权能提高获得当地户口的概率，但有时仅符合特定标准的房子才有效。

第3章　统一产品和劳动力市场，激发地区潜能

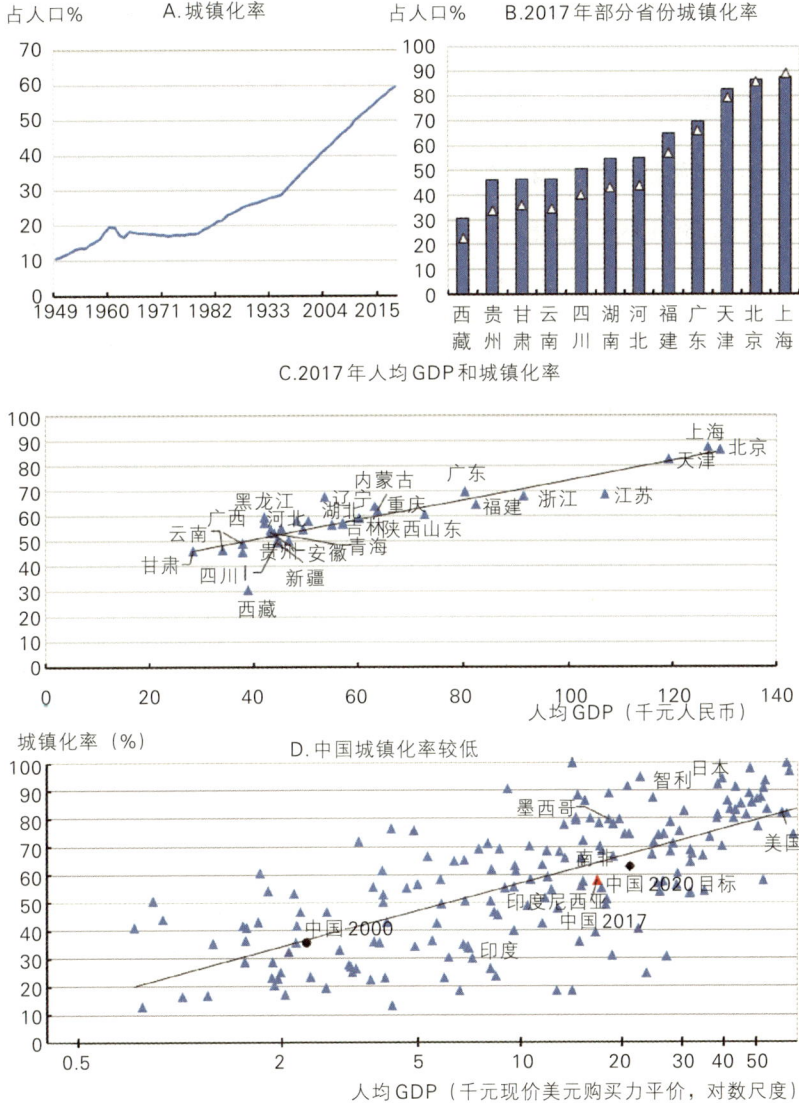

占人口%　　　A.城镇化率　　　　占人口%　　B.2017年部分省份城镇化率

西 贵 甘 云 四 湖 河 福 广 天 北 上
藏 州 肃 南 川 南 北 建 东 津 京 海

C.2017年人均GDP和城镇化率

人均GDP（千元人民币）

城镇化率（%）　　　D.中国城镇化率较低

人均GDP（千元现价美元购买力平价，对数尺度）

图3-3　中国城镇化率情况和各地城镇化水平

来源：CEIC数据库；OECD基于CEIC数据库的计算；世界银行世界发展指标数据库；IMF世界经济展望数据库；中国国家统计局。

注：图D包括截至2017年所有人口超过1 500万的国家。

总体上，城市越大、获得户口越难，这些城市的户口需求大且地方当局往往要控制人口规模。在这些城市，户口申请人需要经过筛选，通过信用体系考察申请者多个方面的情况。吸引更多农民工去小一些的城镇而不是去大城市将有望解决大城市居住区超载的问题，同时也能避免特大城市人口过剩和贫民窟的产生。然而这一愿景的主要问题是小一些的城市和城镇对潜在流动人口缺少吸引力。

为推动城镇化发展，解决流动人口问题，中国在2014年出台《国家新型城镇化规划（2014—2020年）》，提出到2020年给予1亿农村转移人口城镇户口。2018年10月，国家发展改革委发布发改办规划〔2018〕1190号《推动1亿非户籍人口在城市落户方案》，以农村学生升学和在城镇就业居住5年以上和举家迁徙的农业转移人口作为重点群体，放开落户限制。此外，该方案设想建立城镇建设用地增加规模与吸纳农业转移人口落户数量挂钩机制。更重要的是，方案保障了落户居民在农村的土地承包权、宅基地使用权和集体收益分配权。流动人口的增长从2011年起开始减缓，上述规划出台后流动人口的增长继续放缓（如图3-4所示），尽管城市居民与农民工的收入差距在缩小（Molnar et al.，2017）。农民工增长趋缓可能是由于农村到城市潜在的农民工数量缩小造成的。在考虑年龄和人力资本的情况下，根据一些估算，现有农村人口中仅3 000万人可能向城市迁移并在城市工作，这可能会减缓未来城镇化发展的速度（程杰，2016）。尽管2014年的新型城镇化规划野心勃勃，但即便该规划能完全落地，也只能解决目前农村转移人口中35%左右的户口问题。

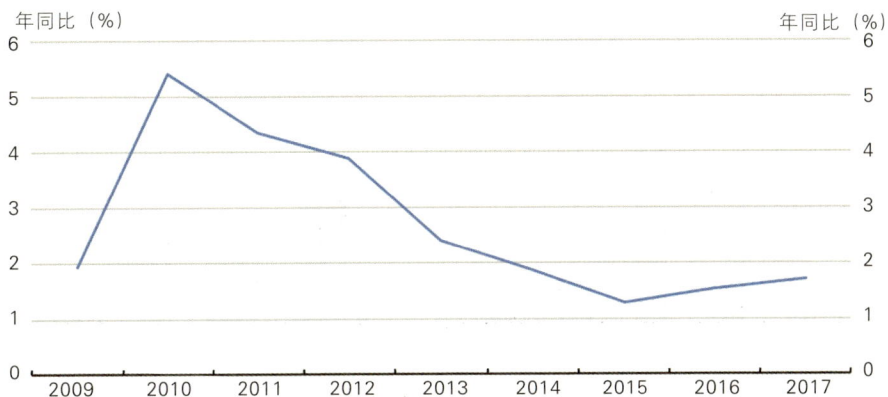

图3-4　农民工增长速度在放缓

来源：国家统计局。

专栏3-3　流动人口的特点

　　第一大流动人口是离开农村去城市工作的农民，第二大流动人口是到其他城市工作的城市居民。在地理上，流动人口总体上向东部流动，但大部分流动人口不会离开户口所在地太远。例如，广东省内流动到广州和深圳的人口比例分别是56%和46%，而从邻近省份流动到以上两个城市的人口的比例分别是27%和30%（百度，2017）。由于大部分农民工仅在城市临时打工，然后就返乡，因而农民工总体年龄较轻，大部分低于40岁。此外，年老的农民工更难在城市找到工作，且退休后在城市养老成本高昂。10.3%的农民工是大学毕业生，但大多数农民工没上过高中，从事中低收入的简单工作。制造业、建筑业以及批发零售业是雇用农民工的主力，三大行业雇用了61%的农民工（如图3-5所示）。

A.2017年农民工受教育程度比例

%

| 70 | 60 | 50 | 40 | 30 | 20 | 10 | 0 |

未接受教育　小学　初中　高中　大学及以上

B.2017年农民工来源及流入地

百万人口

180 150 120 90 60 30 0

■ 流出　■ 流入

东部　中部　西部　东北部

C.2017年农民工年龄分布

%

30 25 20 15 10 5 0

16-20　21-30　31-40　41-50　50+

D.2017年农民工行业分布

15%
30%
11%
6%
7%
12%
19%

■ 制造业
■ 建筑业
■ 批发零售业
■ 交通、仓储和邮政业
■ 餐饮业
■ 居民服务业、维修及其他服务

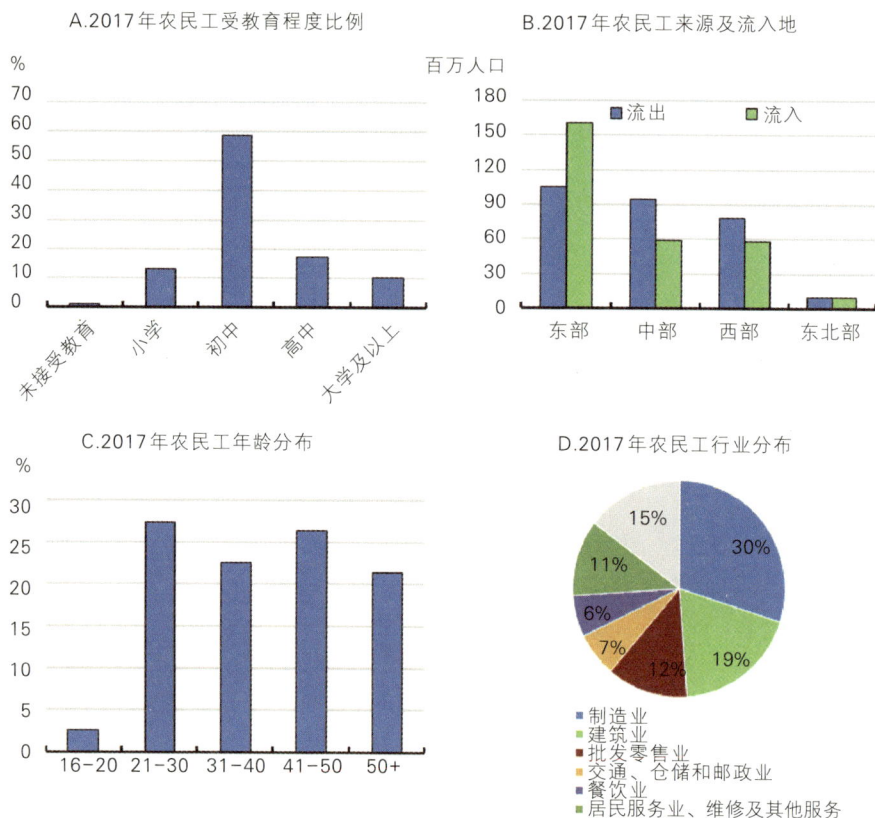

图 3-5　农民工偏年轻且较少接受正规教育（截至 2017 年）

来源：国家统计局《2017年农民工监测调查报告》。

注：图中数据也包括区域内的移民。

自《国家新型城镇化规划（2014—2020年）》出台以来，地方政府出台多项措施。例如，安徽省省会合肥放宽了落户的要求，在合肥当地工作满两年且在当地缴纳社会保险满一年即可获得户口。自2018年6月起，湖南省省会长沙的所有农民工在当地缴纳个人所得税超过1年即可获得户口。广东省东莞2018年2月宣布取消积分制入户，农民工办理居住证满5年且参加城镇社会保险满5年即符合落户标准。部分城市放松了租房落户的限制（此前，购房落户的条件已经放宽）。例如，云南省省会昆明为缴满3年养老保险的租户解决户口。此外，多个省级政府创建了引导基金以投资与城镇化相关的项目，如海南省成立的200亿元人民币引导基金，上述基金有助于改善新城市居民的基础设施服务。此外，各省均出台了统一城乡户口的计划，这将改善对农村居民的服务水平并提高流动性，但计划落地尚需时日。

3.2.1 农民工享受的公共服务仍然有限

众多公共服务均与户口相连，比如教育和卫生等。因此，尽管近年来农民工获得公共服务的情况有所改善（OECD，2017），但有些服务的覆盖率仍然较低且各个城市不尽相同。近年来，农民工子女就读公立学校的情况有所改善；2017年农民工子女义务教育阶段的入学率达到99%，虽然其中仅82%就读公立学校；超过77%的农民工对其子女教师的质量较为满意。然而，农民工子女公立幼儿园就读率仍然较低；尽管大多数3~6岁的农民工子女都上幼儿园，但仅1/4就读公立幼儿园（如图3-6所示），55.7%的农民工反映子女入学困难。需要指出的是，即便是持有当地户口的居民，其子女就读公立幼儿园也面临限制。农民工人均教育支出不到城市居民人均教育支出的一半（相比之下，人均卫生支出差距较小，不足50%）。由于部分一流高校通过降低最低录取分数线或其他措施向有当地户口的考生倾斜，因而农民工子女接受一流高等教育的机会也同样有限。虽然理论上农民工子女可以在居住地参加高考并被视为本地考生，但异地高考条件苛刻，因而许多农民工子女不能在居住地参加高考。例如，北京市规定，只有连续缴纳社保6年以上的农民工，其子女才能在北京参加高考。

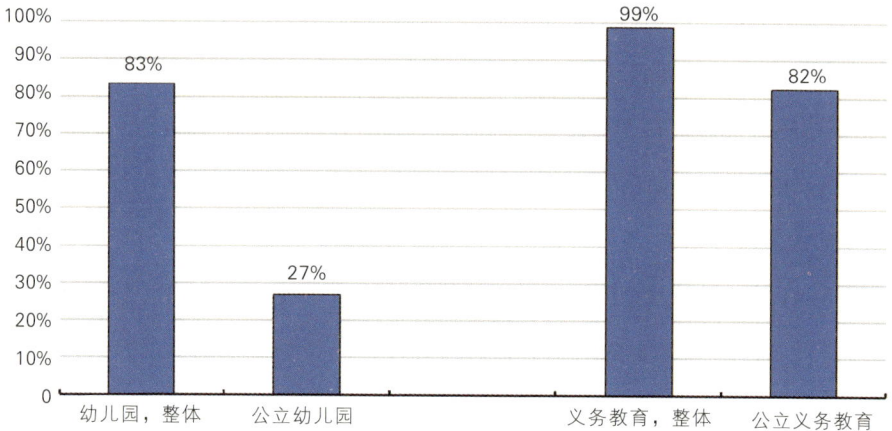

图3-6　2017年城市农民工子女进入公立幼儿园和接受公立义务教育的比例

来源：国家统计局《2017年农民工监测调查报告》。

农民工及其家属享受的公共医疗保险服务也不及持有当地户口的居民。大多数情况下，农民工医疗保险的报销率比当地居民低（Müller，2016）。为提高医疗保险的可接续性，中国建立起全国性、跨区域医疗服务网络。截至2018年5月，该网络已覆盖超过9 000家医疗机构。农民工可接受该网络内定点医疗机构的服务，治疗费用将直接从当地医疗保险中扣除。目前，已有超过50万次付款通过该系统完成。然而，该系统仍然仅覆盖了一小部分医疗机构。农民工加入所在地医疗保险体系不受法律限制，但仅有13%的农民工选择加入（Hou and Zhang，2017）。农民工加入所在地医疗保险体系率低，某种程度上反映了个人偏好，但也可能与城市医疗保险费用高有关。

3.2.2　养老保险制度碎片化阻碍了劳动力的流动

农民工大多年纪轻且处于工作年龄，但与人口逐渐老龄化的趋势类似，农民工人口也在逐步衰老，因而对他们中的许多人来说获得充足的养老金是个紧迫问题（如图3-7所示）。然而，中国的养老保险制度呈现碎片化，不仅各省有各省的养老保险制度，许多情况下同一省内的不同城市也有不同的养老保险制度。尽管各地养老保险制度的某些基本参数相同，如退休年龄或最低缴纳比例等，但全国范围内企业单位养老金缴纳比例差异巨大。养老金的管理也处于分散化，这可能会给一生中经历多个养老保险制度的农民工带来问题。养老保险年金跨地区转移手续复杂。因各地养老金领取权记录方法及养老账户中列出款项不同，实践中，有时养老金几乎不可能转移。此外，由于养老保险年金与地方平均工资相连，因而农民工倾向于在富裕的城市工作，但这些城市的农民工数量可能已经很多了。为了进入某一城市的养老保险体系，农民工必须在该城市至少工作10年，同时还要保证该城市是其退休前最后工作了至少10年的地点。尽管这一要求似乎能激励农民工在退休前10多年一直在最低平均工资水平最高的上海工作，但对于中年农民工来说，在上海这种竞争激烈的城市找到工作可能没那么容易。

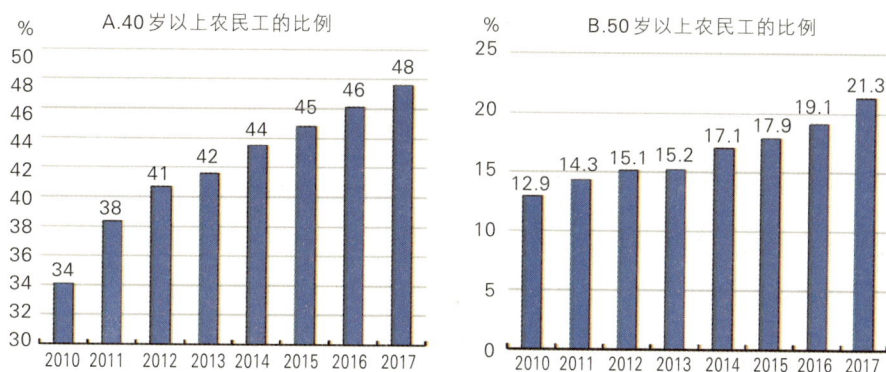

图3-7 40或50岁以上农民工的比例

来源：国家统计局《农民工监测调查报告》。

养老保险制度在空间上的碎片化影响着收入和支出，从而影响了每个地区养老基金的可持续性。那些人口较年轻，能吸引农民工的省份的养老基金往往存在盈余，而其他省份养老基金账户处于亏空状态（如图 3-8 所示）。农民工确实加剧了养老金收入和支出的地区差异（王震，2017）。广东等省份由于存在大量农民工（2016 年 2 200 万）而具有较大的养老基金盈余，这些省份的城市中企业单位养老金贡献率低于 20% 的参考标准，从而提高了竞争力，促进了经济活动的开展。例如，东莞市企业单位养老金贡献率仅为 11%。相比之下，农民工输出的省份往往难以自掏腰包覆盖养老金支出。为解决这一不平衡，国家养老基金收取企业单位养老金缴纳贡献额的 3%，并根据固定的公式向养老基金亏空省份转移。然而，这些转移支付并不能完全填补相关省份的亏空。根据《中国养老金精算报告》的预测，即便考虑转移支付，未来养老基金的亏空和盈余也将呈两极增长。因此，转移支付率将随着时间的推移而增长。为进一步稳定亏空省份的养老保险制度，近期中央政府成立了一个调剂基金，该基金不采用现行的从企业单位强制贡献中提取资金的做法，而是由各省养老保险基金上解的资金构成并对其进行再分配；上解比例从 3% 起步，后期可根据公式（主要考虑各省平均工资等因素）调整，并将在职应参保人数作为计算上解额的基数。

统一养老保险制度可以解决养老金接续或地方养老金体系的财政可持续性等问题。然而，为实现全国养老金体系的长期可持续性，还需采取进一步措施，比如提高退休年龄，目前中国员工的退休年龄低于 OECD 国家，而且与不断提高的预期寿命不符。统一养老保险制度需要协调不同的养老保险制度。例如，目前拥有养老金盈余的地区可通过降低企业单位养老金贡献率刺激当地经济活动，但这些地区需要将其企业单位贡献率提高到法定水平以统一养老保险制度，并加强可持续性。此外，更加严格的收缴也将提高社会保障收入。

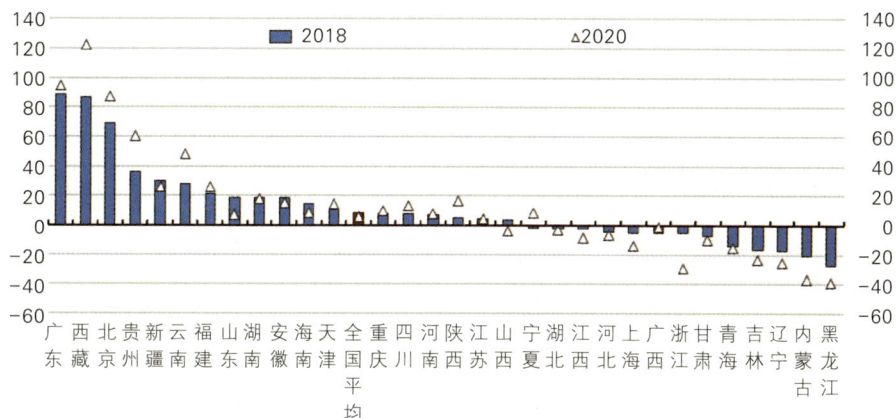

图3-8 各地养老金盈余与养老金年金支付额的比值

来源：Zheng，B.（ed.）（2018），《中国养老金精算报告2018—2022》。

3.3 促进落后地区发展的区域政策

统一劳动力和产品市场以深入挖掘地方潜力，将降低交易成本并在中长期提高生产率。然而短期内此举将使部分地区受到消极影响。例如，就产品市场而言，逐渐废除地方垄断地租有时会影响地方收入，因而地方可能需要额外的转移支付以满足基本支出需求。如果地方政府财政实力较弱且保护倾向强则会出现上述情况，这将产生更大的支出不平衡。相比之下，如果落后省份内的创新型企业能获得公平竞争的环境，特别是可以进入富裕省份的政府采购市场，则可以刺激收入，增加原省份的税收，从而降低不平衡。消除户籍制度的差异将提高劳动力的流动性，但如果不能大幅缩小全国范围内公共服务的质量差距，消除户籍制度将有可能进一步刺激人口涌向大城市。提高养老金可接续性而不统一目前分散的养老保险体系，将造成流动人口输出省份的社会保障基金进一步扩大亏空。

解决上述问题可能需要更多的转移支付并重新调整支出结构，同时需要制定配套措施促进落后省份不断发展。有资料显示，中国各级地区的人均收入水平正在收敛（如图3-9所示）。如用泰尔指数衡量则中国省间人均国内生产总值的差距为0.09（2016年），低于印度各邦的差距（2014年为0.15），但比美国各州差距（2016年为0.04）高。相比之下，中国各省的省内人均国内生产总值差距较高，这在很大程度上反映了城乡差距。欧盟的例子也表明似乎消除高级别单位（这里指国家级别）间的收入差距比消除低级别单位（即欧洲各区域）间的差距更容易。某些国家成功缩小了国内发达地区与落后地区间差距，这些国家采取的方法是：通过基础设施建设将落后地区与全球价值链相连，培育大型贸易部门并建立运作良好的城市（OECD，2018）。虽然对中国而言财政再分配很重要，但投资基础设施、提高地方政府间的协调、促进城市与周边区域的一体化发展也可以减少区域不平衡。

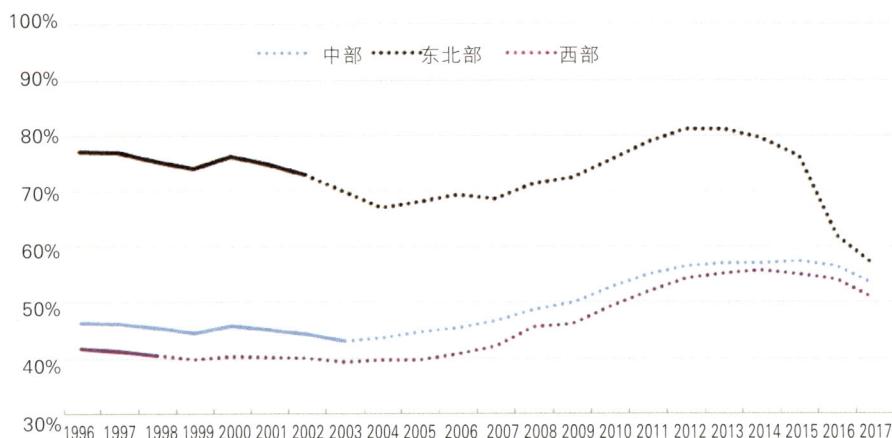

图3-9　各地区人均GDP占东部地区人均GDP的比例

来源：OECD根据CEIC数据库计算。

注：图中虚线指地区发展活动活跃的时期。中部地区包括安徽、河南、湖北、湖南、江西、山西；东部地区包括北京、福建、广东、海南、河北、江苏、山东、上海、天津和浙江；东北地区包括黑龙江、吉林和辽宁；西部地区包括重庆、甘肃、广西、贵州、内蒙古、宁夏，青海、陕西、四川、西藏、新疆和云南。

3.3.1　为更公平而再分配

中国拥有独特的财政系统，尤其是财政支出分散程度看起来似乎较高，尽管地方很少有财政支出自主权（见专栏3-4）。此外，类似教育和卫生等促进增长和包容性发展的重点支出项由县级政府管理，县级政府处于公共财政管理体系的最低端，自有的财政收入和自主权很少。

专栏3-4　财政治理的制度性安排 ●

中国的公共财政管理体系通常指中央、省级、地级行政区（或市级）、县级和乡级政府。

当前，财政关系改革被重新提上日程。目前调整财政关系时机成熟，因为最近一次政府间财政关系的重要调整要追溯到1994年的分税制改革，分税制改革提高了中央政府税收收入的比例。此后，某些税种的分税规则有过调整，但整体的分税体系没有变化。主要税收收入根据明确的比例在中央和地方政府间分配。由于营改增剥夺了地方政府主要税收收入来源（营改增之前，增值税收入75%划归中央政府，25%划归地方），因而增值税在中央和地方政府间暂定为五五分。所得税以60：40的比例在中央和地方政府间分配（非银行金融企业和铁路所得税、利息收入个人所得税作为中央收入）。除海洋石油资源税作为中央收入外，其他资源税作为地方收入。除关税完全作为中央收入外几乎没有其他完全作为中央收入的税种。相比之下，一些小型税种，如契税、城镇土地使用税，专属于地方收入。这些税收均属于一般公共预算账户，但一些较大的地方政府收入项放在基金账户中，如土地权销售收入。

财政支出比收入更分散。中央财政支出包括：国防、武警、外交和外援、国家层面公共安全机构、监察机构和法院的支出。地方财政主要承担社会保障类支出、价格补贴、地方公共安全和监察机构以及法院的支出。基础设施投资由中央和地方共同承担，中央财政负责国家级或跨地区项目，地方财政负责辖区内项目。文化、教育、科技和公共卫生支出也按类似的规则在中央和地方间划分。但总体上，支出责任的划分不是很清晰，而且经常出现重叠。2016年国务院出台指导意见，明确划分中央和地方的支出责任。具体事项的支出责任划分将在2020年前出台。指导意见规定，部分项目由中央和地方共同支出，如义务教育支出。实际上，中央政府已经对划归地方政府的支出项提供了财政支持，如义务教育和减贫支出。

省级以下税收收入及支出责任的划分由各省自行决定。

横向财政收入差距得到了较好解决

中国各地区间存在显著的支出不平衡。这种不平衡主要源于财政收入的差距，后者由不同的经济活动及收入水平造成。收入结构和税收体系相互影响导致税收收入的地区分布比人均收入更为不均衡。中国政府已提出多项机制，尤其是提出正式的转移支付体系，以缓解税收收入差距对支出的影响。上述措施使得财政支出差距低于收入差距（见表3-2）。对比之下，印度2014年各邦间财政收入和支出的差距指数分别是1.4和1.2。

人均收入和财政收入的省内差距要远高于省间差距。省内和省间人均支出差距水平大致相当。过去15年里，人均收入差距有所扩大，虽然存在转移支付，财政收入差距扩大得更多，支出差距也在扩大（OECD，2006）。有趣的是，与2002年相比，2016年省内因素对加剧支出差距的贡献率大幅下降（OECD，2006）。这一现象可能源于近年来各省大力执行省内再分配。

表3-2　　　　　　　　　2016年泰尔指数

	人均GDP	人均财政收入	人均财政支出
省内	0.21	0.35	0.13
对整体的贡献率（%）	70.4	71.3	49.7
省间	0.09	0.14	0.13
对整体的贡献率（%）	29.6	28.7	50.3
总计	0.29	0.49	0.27

来源：OECD基于CEIC数据库的计算以及省级年鉴数据。

注：该表将泰尔指数国家级别的指标（包括人均GDP、人均财政收入、人均财政支出）分解为省内和省间指标。

　　一般财政预算收入差距要远小于税收收入差距（见表3-3），这是由于相比税收收入，非税收入不易受经济活动规模变动的影响。一般性转移支付（包括大致30种转移支付，如均衡性转移支付，对革命老区、少数民族地区、边境和贫困地区的转移支付，以及对产粮大县的转移支付等）大幅缩小了省间财政收入的差距。考虑到均衡性转移支付依据公式进行，且根据地方实际需求（地方需求依据客观方式确定，以避免降低地方收缴财政收入的积极性）补齐贫困地区财政资源短板，因而出现上述现象不足为奇。专项转移支付（官方确定了25~30个大类别，包括一般公共服务、教育、科技、环境和公益住房转移支付）（如图3-10所示）也产生较高的均衡化效果。相比之下，分税体系（包括少量税种，如增值税和收入所得税）因其设计初衷不同而对减少财政收入差距影响甚微。公债对促进财政收入均等化影响也有限。其他三种政府账户，即基金、社保和国有资本经营收入同样对均衡财政收入影响不大，原因在于这些账户的多个收入项与经济活动紧密联系，因而富裕省份的收入更高。

表 3-3　　　　　　财政收入项及其组成的 2016 年泰尔指数差距

财政收入项及其组成	泰尔指数
税收收入	0.29
一般财政预算收入	0.22
一般财政预算收入+一般性转移支付	0.12
一般财政预算收入+专项转移支付	0.14
一般财政预算收入+整体转移支付	0.13
一般财政预算收入+税收返还	0.21
一般财政预算收入+公债	0.20
一般财政预算收入+整体转移支付+税收返还+公债	0.13
一般财政预算收入+土地出让金	0.22
一般财政预算收入+政府性基金收入	0.21
一般财政预算收入+政府性基金收入+整体转移支付+税收返还+公债	0.11
一般财政收入+国有资本经营预算账户	0.22
一般财政收入+社保账户收入	0.21
一般财政收入+政府性基金收入+国有资本经营预算账户+社保账户收入	0.19
一般财政收入+政府性基金收入+国有资本经营预算账户+社保账户收入+整体转移支付+税收返还+公债	0.11

来源：OECD 根据《2017年财政年鉴》以及各省年鉴数据计算而得。

注：一般财政预算收入指一般财政预算账户；政府性基金收入指政府性基金账户；社保账户收入指全国社会保险基金账户，国有资本经营预算账户指国有资本经营预算账户收入。一般财政收入包括税收收入和非税收入。一般性转移支付包括均衡性转移支付，地方政府自行决定其用途。专项转移支付有特定用途，需按设计规定使用。

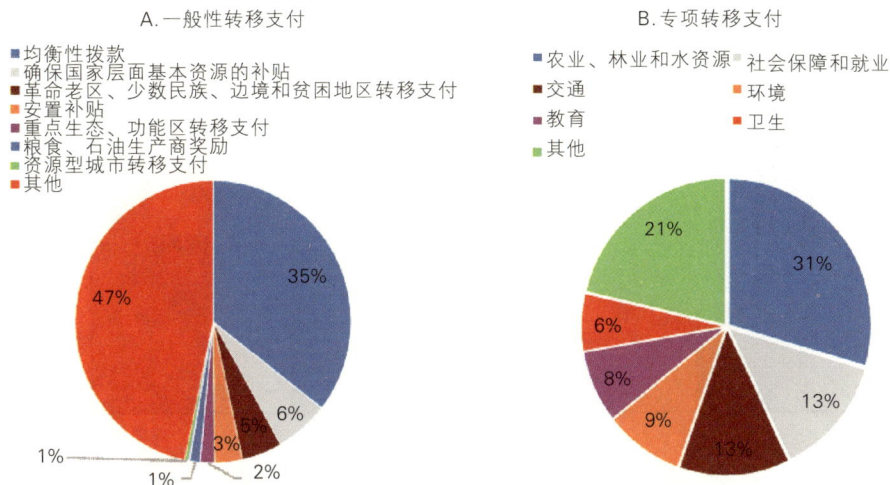

图 3-10　2016年一般性转移支付和专项转移支付的比例

来源：财政部和地方财政局。

注：图中数据为地方数据。

财政收入和支出责任的垂直差距巨大

虽然与21世纪初相比转移支付体系在降低地区支出不平衡上发挥了更大的作用，但地区财政收入与支出间的差距依然巨大，尤其是县级差距最为突出（如图3-11所示）。县级财政收入仅39%来自税收收入，大约13%来自非税收入。有的县级财政非税收入的比例甚至与某些省份（如湖南）的税收收入比例一样高。县级财政的其他资金来源于转移支付，其中专项转移支付占23%，共享税和一般性转移支付占26%（如图3-12所示）。此外，县级财政严重依赖转移支付和共享税，这种情况在过去十年几乎没有变化。

占整体（%）　　　　　　　　　　　　　　　　　　占整体（%）

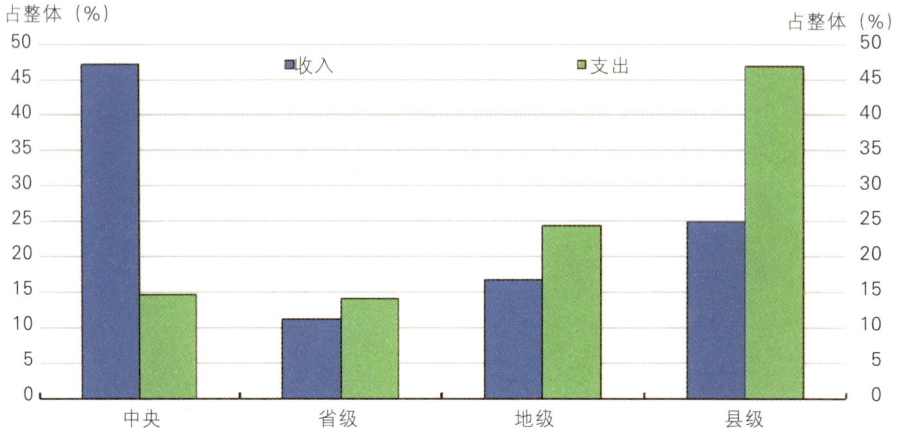

图3-11　2017年各级政府财政收入和支出的份额

来源：财政部和地方财政局。

注：图中数据指一般财政预算账户数据，财政收入不包括转移支付。

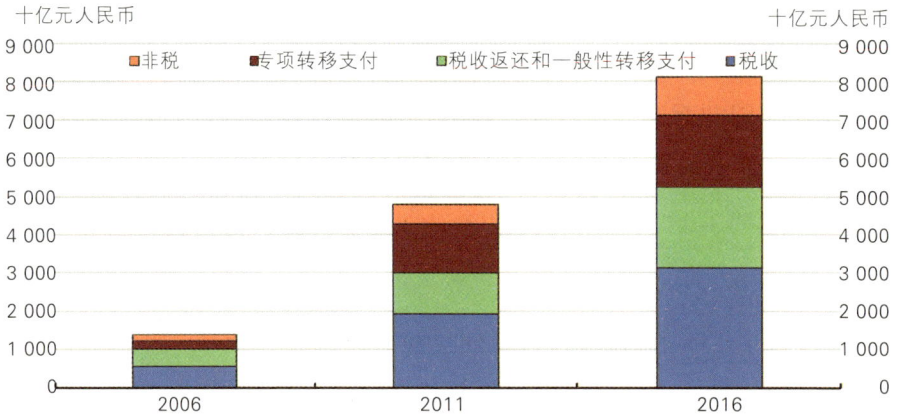

十亿元人民币　　　　　　　　　　　　　　　　　十亿元人民币

图3-12　2016年县级政府支出

来源：财政部和地方财政局。

注：图中数据为一般财政预算账户数据。

　　县级政府主要税收收入来源是增值税。随着营业税（基于营业额的一种地方税）逐渐退出并纳入增值税，增值税的重要性正进一步增强，对自有税收的依赖将降低。2016年营改增接近尾声时，县级政府财政收入中仅有约12%来自营业税。其他地方税规模更小，地方财政更不可能依赖这些税种。与房地产相关的流转税（包括房产税、城镇土地使用税、土地增值税、耕地占用税）合计占2016年县级政府财政收入的比例略高于16%。县级财政支出中，教育支出约占1/5，农业、林业和水资源支出占1/6，社保和就业支出占13%，卫生和城建支出各占约10%（如图3-13所示）。保障出生地各异的人口享受同等标准的公共服务，不仅需提高向教育、卫生和社保领域拨款的总体水平，还需确保这部分资金在全国范围内，特别是欠发达地区和农村公平分配。目前，在县级政府水平上，最高人均财政收入（江苏）和最低人均财政收入（重庆）的差距是15倍，最高人均财政支出（西藏）和最低人均财政支出（重庆）的差距是11倍（如图3-14所示）。

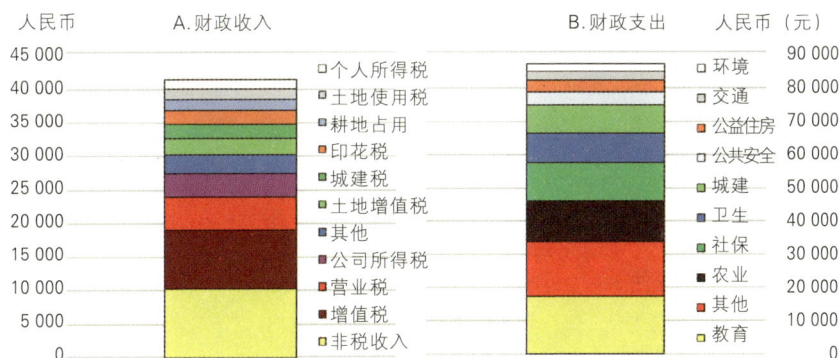

图3-13　2016年县级政府主要财政收入来源及支出项

来源：财政部及地方财政局。

注：表中数据为一般政府预算数据。营业税已于2016年取消。

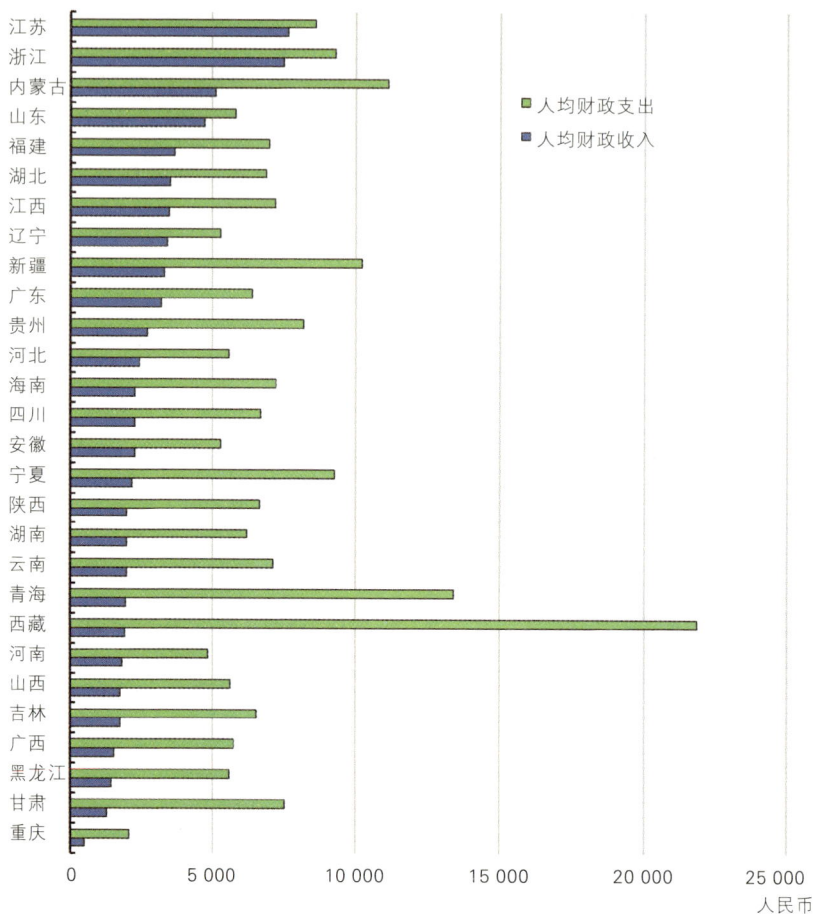

图 3-14　2016年县级政府人均财政收入和支出

来源：财政部和地方财政局。

注：财政收入指一般预算账户财政收入，财政支出包括转移支付。

　　此外，尽管过去15年里省内财政支出差距对全国财政支出差距的贡献率有所下降，但河北、内蒙古和西藏等省份的人均财政支出差距却大幅上升（如图3-15所示）。实际上，上述省份中的各县人均财政支出差距，是全国最大的。这些省份的县政府间的人均财政收入差距至少是人均财政支出差距的2倍多，这表明其较高的财政支出差距未必是缺少有效的再分配体系造成的。尽管自2002年起，甘肃的省内支出差距大幅缩小，但差距仍旧巨大，四川也面临同样的情况。

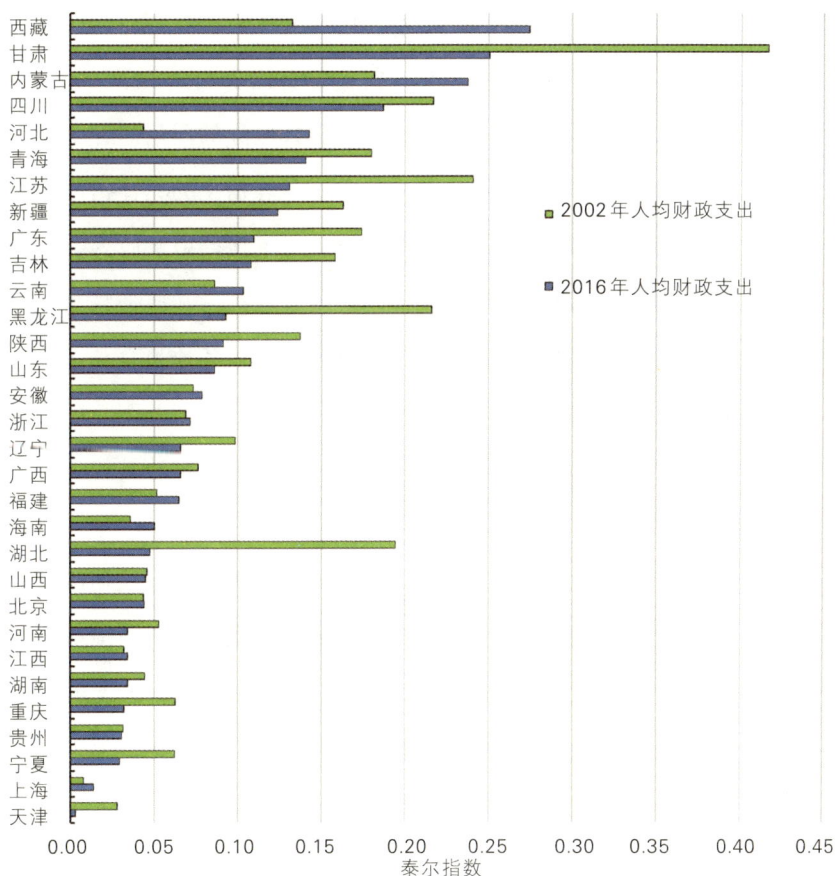

图3-15 2002年及2016年人均财政支出差距泰尔指数

来源：OECD基于CEIC数据库及省级年鉴数据的计算。

注：政府财政支出指一般预算账户。

将部分支出责任统归中央将增加获得更好的公共服务的机会

由于各县级政府人均财政支出差距巨大，且县级政府在提供教育、卫生和社保等重点公共服务上扮演至关重要的角色，因而造成了全国范围内重点公共服务分布不均、质量参差不齐。这进一步导致机会不均：生在农村还是城市将影响人的未来职业发展和生活质量。此外，家庭背景还限制了向上的社会流动（Molnar et al., 2015）。财政支出不均导致了效果不均。例如在一些省份内，城市居民人均医生和护士的数量分别比农村居民高4~5倍和8倍。农村医生的资质似乎也远不及城市医生。公共服务的质量差异早就引起政策制定者的重视了，但直到最近，促进公共服务均衡化的具体措施才真正出台，其中包括明确了需均衡化的服务类型等。由于地区财政收入和支出不平衡是痼疾顽症，因而在现行政策下提供同等质量的产品和服务将是个不小的挑战。因此，促进财政收入与支出责任相匹配将降低各地教育和医保等主要公共产品及公共社保体系分配的不均衡性，从而缩小地区差距。财政支出与财政收入相协调将带来收支分配的整体调整，同时引发财政转移支付体系的改革。

由于地方政府具有更大的征税权将进一步加剧收入不均，从而需要更多的转移支付，因此将部分支出分配集中到中央层面可能会更有效地缓解公共产品和服务分布不均的问题（OECD，2006）。可以统归中央的支出责任包括教育和卫生等重点公共服务，统归中央有利于确保最低质量。另外一种可以考虑的举措是建立分级分税制，贫困省的分税收入比例高于富裕省，同时，根据贫困省税收收缴的改善情况确定转移支付额（OECD，2006）。目前，中国已确定中央税收分配比例的渐进目标，这是一个不错的做法，与此相配合，中央也应加强对重点公共服务的支持。

3.3.2　消除差距的区域政策

中国区域政策的特点一直是有针对性并且允许先行先试。2017年经济社会发展规划再次强调了三大战略，即"一带一路"倡议（见专栏3-5）、京津冀协同发展战略（包括北京、河北和天津）、长江经济带发展战略（包括11个省市，见附件B）。这三大战略几乎覆盖了整个国家（河南、山东和山西除外）。2018年初，粤港澳大湾区被确定为促进协调发展的第四大重要支柱。2019年2月，《粤港澳大湾区发展规划纲要》发布，该发展规划要重点培育战略性新兴行业发展，强化公共服务的衔接共享，比如相互承认特定课程的学分。

专栏3-5　中国的"一带一路"倡议

中国的"一带一路"倡议是一个区域融合计划，旨在推动古丝绸之路沿线的互联互通，促进贸易和投资。古丝绸之路通过海陆连接了欧、亚、非三大洲。自2013年中国国家主席习近平宣布这一倡议以来，虽然官方未出版任何地图或区域划分文件，但该倡议在涵盖的地域和主题方面不断扩大。在全球范围内，该倡议已经扩大至中美洲和南美洲国家。该倡议最初是一个基础设施互联互通设想，但目前倡议包含灾害防治、环境保护和创新等内容。

"一带一路"项目的主要受益方是中亚、东南亚和南亚国家。该倡议能在一定程度上缩小这些地区的基础设施差距。推动互联互通将提高这些地区的竞争力和生产率，促进全球经济增长。然而，这些国家的部分项目污染程度高，如用煤量高的燃煤发电厂和钢铁项目。关于这一倡议的其他顾虑包括，缺少透明度、增加债务负担、腐败风险大以及难以在基础设施发展、融资、股东管理和治理等方面遵循最佳经验。在"一带一路"倡议提出五周年之际，中国国家主席习近平表示，需要加强对"一带一路"项目和公司的审核，提高民营部门参与度，提升风险管理水平。习近平还号召加强党对该倡议的领导。

对"一带一路"受益国的投资占中国对外直接投资的比例正在不断攀升。如果这部分投资能遵循全球最佳经验尤其是全球最佳环境和劳工标准（而不是仅仅依照项目所在国标准，项目所在国标准通常非常低），将有助于中国塑造自己负责任的投资者形象，提高投资的可持续性。中国应当遵循《OECD全球投资宣言》，跨国公司和在海外经商的中国公司的商业行为应当符合《OECD跨国公司指南》的要求。OECD还有其他帮助中国投资海外的工具，例如《OECD负责任的商业行为尽职调查指南》《OECD采矿业有效股东参与尽职调查指南》《OECD冲突、高危地区负责任的矿物供应链尽职调查指南》《OECD反贿赂公约》和OECD出口信贷工具。此外，作为G20成员和主权债权人，中国应当继续致力于执行并遵守《G20可持续融资操作规范》。"一带一路"倡议下的基础设施项目需要进行充分的成分效益分析，以及借款国还款能力和债务可持续性分析。

该倡议还有望加快中国内陆地区的发展，中国内陆地区的发展一直落后于沿海发达地区，该倡议将使中国向全球开放所带来的福利惠及内陆地区。

基础设施投资是三大战略和四大板块发展计划的主要组成部分。实际上，基础设施发展扮演了促进偏远地区与国家经济动脉相连的重要角色。高铁的普及使开展经济活动更加便捷。航空客运也正在覆盖偏远地区。然而，这种"普及性"服务成本高昂。中国的228个机场中，80%为小型机场，其中70%处于亏损状态。旨在促进落后地区赶超发达地区的基础设施投资可能因扩大基础设施建设在短期内刺激经济发展，如果此类投资能经过严格的成本效益分析并考虑外部性问题，则有望促进长期发展并改善福利（OECD，2014b）。与OECD国家相比，中国的基础设施投资不够透明，公众监督不足，可能导致投资回报低，长期发展效益差（Ansar et al.，2016，Zao et al.，2015）。为了从基础设施投资中受益，该类投资项目应经过公众审查和成本效益分析。在基础设施投资项目与其经济效益间建立因果链也很重要。目前，中国已邀请第三方评估机构对此类基础设施投资的经济效益进行评估，目前尚未公布评估结果。

"四大板块"的区域发展战略和"一带一路"倡议促进区域经济一体化

协调发展是"十三五"规划（2016—2020）的五个关键词之一。因此，"京津冀协同发展战略、长江经济带发展战略"旨在改善并提高跨省间区域的经济一体化，着重强调区域规划一体化。改善区域协调性是OECD国家的地区发展政策的重要组成部分，有利于提高生产力，缩小地区差距（OECD，2018）。《关于支持"飞地经济"发展的指导意见》（发改地区〔2017〕922号）明确鼓励上海、江苏、浙江向长江上、中游地区投资，并与地方政府一同建设飞地，以开拓新市场并挖掘新发展动能。飞地旨在将经济管理和政策执行领域的最佳经验复制到落后地区，向落后地区转移技术，以达到分享合作红利的目的。飞地生产力水平较高，可以成为吸引周边地区熟练工人和资本的示范区，这种示范效应将一直持续到其管理经验被落后省份内其他地区复制为止。实现上述效果的前提是，落后省份需切实采用优秀管理和执行经验，清除过度管制和地方保护。然而这绝非易事。目前的飞地发展经验显示，许多地方政府不愿意让渡对地区商业的管制权，也不愿放弃租金。拥有优秀管理经验、效率高的省份应在管理飞地方面扮演更重要的角色，以促进飞地真正发挥作用。

城市群建设是中国政府最近提出的倡议，旨在促进相互邻近的城市间的一体化，相互邻近的城市可能属于同一省份也可能属于不同省份。京津冀、珠江三角洲、长江三角洲地区都是以城市为中心划分的区域，因而属于城市群一体化区域。除上述三个区域外，中国还有其他城市群，《关中平原城市群发展规划》包括山西、陕西和甘肃三省的城市，其中西安为主要城市。城市群倡议的具体内容包括：升级交通基础设施，建立贸易和物流中心，识别主要城市和景区景点等。各城市群之间的农村地区似乎是城镇化发展和乡村振兴过程中缺失的一环，因而城市群可以将这部分区域融合其中。融合城市周边农村地区的方式可以是将其与城市公共交通基础设施动脉联通，如建设更多郊区和区域铁路，包括在沿线村镇设立站点等。此举有助于促进邻近地区居民更多地在农村和城市间往来，从而增加村镇居民的福祉，减少收入不均。OECD的经验显示，将农村与邻近城市融合能让农村地区也从城市群聚效益中获益。此外，推动城市、村镇和农村地区的互联互通，创造超级区域，将产生城市群聚效应，而且不会造成太多拥堵或太高的人口密度（OECD，2018）。《OECD农村发展框架3.0》中提出的促进农村地区的内生性发展可以作为乡村振兴战略的一个重点。该框架强调增强农村地区的竞争优势，而不会使其产生依赖性。

不同政策分别针对四大板块

自1999年起，中国一直在促进沿海地区以外的落后地区的发展（见附件C）。首个战略针对的是西部地区，2003年公布了东北振兴战略，2004年提出了中部崛起战略。

与上述发展战略相配套的政策措施多种多样，且与最主要的潜在发展方式相关，包括投资基础设施（交通、能源、电信）和教育以及吸引外商投资等。例如，西部大开发战略中提出了改革区域高等教育体系的多年战略计划。西部大开发战略的内容随着时间的变化有所调整。第一代西部大开发战略关注基础设施和环境，第二代战略主要是促进符合地区特性的产业的发展，第三代和目前的战略关注开放、创新和绿色发展。

如果上述大范围的地区政策能更有效地解决具体的地区问题，而非对所有问题一刀切，则能帮助落后地区迎头赶上（OECD，2016）。然而，尽管此类战略已执行将近20年，西部和中部地区也多少缩小了与东部地区的发展差距，但战略影响的实际规模并不明确。

多个示范区争"先行先试"

除上述战略和地区发展战略外，中国还出现越来越多的示范区享受多样化"先行先试"的权利。越来越多的示范区、先行区扎堆中国的东南部。示范区间相互重叠，难以评估单个"先行先试"权的效果。权利包括：简化营商行政审批程序、提供廉价土地、提供税收和关税减免等（见专栏3-6）。中国不仅有国家级特区，省级甚至市级也有自身的示范区，因此情况更为复杂。近期，中国政府决定将明确各个示范区享受的特定福利，取消不合理的特权和重复特权，这是提高资源使用效率和特定措施效力的必要步骤。各种特区，尤其是第一代经济特区中的深圳，在吸引外商投资、试验机构改革、建立市场经济中扮演了至关重要的角色。深圳特区也是土地使用权转让的先驱，其后土地使用权转让在全国推广。此外，经济特区创造了集聚经济。然而经验证明，特区建立的时间越晚，经济集聚效益越弱，对企业选址行为的扭曲越大（Wang，2013）。目前，关于补贴、免税等措施对经济特区及其他区域支持效率的研究较少。

对高新区效率的测量结果显示，高新区中大部分部门效率较低，区内生产和调研部门几乎不交流（Bai et al.，2015）。过多的精力投入到了突破性技术的研究上，导致相关部门投资过剩，效率低下。各种示范区需要建立一个特定的、基于指标的评估体系，重点关注公共资金的使用。为防止低价竞争，需严格控制地方政府为吸引投资而采用的税收减免政策。应更加鼓励地方在行政效率、坚持法治、基础设施和人力资本等领域竞争。

专栏 3-6　各种拥有"先行先试"权利的示范新区

1992年上海浦东成为第一个国家新区。目前，中国共有19个国家新区，雄安新区是最年轻的成员，旨在通过政府和社会资本合作（PPP）吸引投资，促进快速发展，这也是此类新区的通行做法。

全面改革试点和经济特区是尝试经济改革新方案的主要实验室。1980年成立的深圳经济特区（与珠海、汕头和一年后成立的厦门经济特区一起）成为中国对外开放的标志。此类特区享有特权，可以试点各种改革并以试错的方式执行改革举措。全面改革涉及12个领域，部分改革重点关注：城乡一体化发展（成都和重庆）、现代农业（黑龙江）、资源产业（山西）、新产业（沈阳）或国际贸易（义乌）。除最初的4个经济特区以及1988年成立的海南经济特区外，2010年经济特区这一概念再度兴起，两个新的经济特区被建立起来，分别是新疆的霍尔果斯和喀什。此类区域的目的是吸引民营部门投资。经济特区在最初盈利阶段享受免缴企业所得税待遇，之后享受较低的税率。再投资收益享受免税待遇。

自贸区和金融改革区是一批更专业的特区，其中上海自贸区在2013年率先成立。次年，天津、福建和广东作为第二批自贸区正式成立，2017年第三批共7个自贸区（辽宁、河南、陕西、四川、重庆、湖北和浙江）成立。自贸区更加侧重简化监管和营造投资环境而非提供补贴。同时，中国还成立了7个金融改革试验区（兰考、泰州、滇桂、青岛、温州、泉州和珠三角）。

中国有大量国家级经济开发区（219个）和高新技术园区（168个）。高新技术园区属于产业园区，包含了中国40%的高新技术企业，2017年对中国GDP贡献率达11.5%。这些特区也是中国商品出口的关键引擎：2018年前5个月，上述特区商品出口额在全国商品出口总额的占比超过22%。高出口额是由进出口关税减免刺激产生的。这些高新技术园区中有17个同时也是国家指定的创新示范园区。其中最著名的是北京中关村。东部沿海地区和内陆省份等其他地区也有国家创新示范园区，这些地区包括安徽、湖北、湖南、陕西、重庆和四川等。陕西、重庆和四川代表了中国的整个西部地区。

来源：政府文件和通讯社。

特色小镇探索从其特色中受益

中国采用的另一个区域发展工具是发展通常所说的特色小镇。2016年住建部宣布将试点建立127个特色小镇，到2020年共建成约1 000个特色小镇。这些特色小镇分散在中国各个省份，各具专长，如旅游、金融、时尚或装备制造等，旨在创造并培育专长以充分发挥比较优势。例如，浙江省的古堰画乡因风景宜人、传统建筑古色古香而专注发展旅游业，而该省山南特色小镇则因靠近上海、杭州、宁波和其他关键地区而专注服务周边地区的金融业（Wu et al., 2018）。

虽然理论上发展特色小镇具有经济效益，但实际上，目前仅有部分特色小镇成功运营。许多情况下特色小镇的概念被机械化使用，有些小镇想模仿其他小镇的成功经验，但没有充分的规划，也不根据地方特点做必要调整。目前，值得学习的经验和教训很多。如果一个乡镇计划专营某种产品或服务，则应全面调查市场需求度。计划阶段应避免过度依赖当地经济的独特特性，避免强大的经济周期效应，同时更好地适应起步期的发展特点。发展特色小镇应更加重视市场调查，使小镇的发展更加基于实际需求而非理论规划。此外，发展特色小镇需要进行更全面的规划，避免简单的复制粘贴（OECD，2018），同时应确保乡镇的发展取向符合其地理位置及当地居民的技能。

3.3.3 缩小城乡差距

尽管各省收入水平存在显著差距，但对差距进行剖析后可以发现，收入差距主要（超过69%）源于省内因素，特别是省内明显的城乡收入差距。自2010年以来，城市居民收入与农村居民收入的比值开始呈现下降趋势。然而，2017年城市居民收入仍比农村居民收入高2.7倍。这种城乡收入差距在中国广泛存在，其中黑龙江城乡收入比最低，为1.7，西藏和新疆最高，均为5.4（如图3-16所示）。

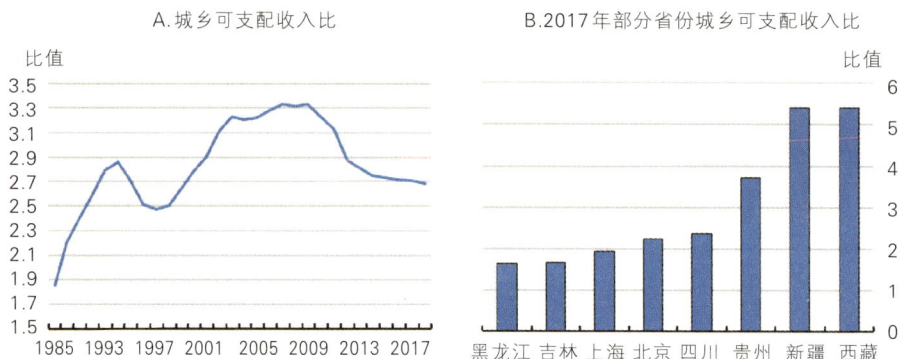

A.城乡可支配收入比 B.2017年部分省份城乡可支配收入比

图3-16 城乡可支配收入的纵向与横向比较

来源：CEIC数据库。

农村地区劳动生产率低且需要进一步实现现代化

目前，中央政府的全国乡村振兴规划正处于最后完善阶段。由于许多现

行政策主要关注城市发展，全国乡村振兴规划的出台适逢其时，将对2014
年出台的全国城镇化计划形成补充。乡村振兴规划可以借鉴经合组织的《农
村发展框架3.0》（OECD，2016），该框架强调农村社区的竞争优势，强调综
合投资的作用（OECD，2014b），以及要根据农村的不同类型提供差异化的
公共服务。

　　乡村振兴规划着眼于长期发展，重点关注农村生产率的提高，将为农村
发展提供急需的动力。第一产业（包括农业）的劳动生产率远低于其他经济
部门生产率，而且这种差距正在逐步扩大（如图3-17所示）。

图3-17　各部门劳动生产率

来源：OECD基于CEIC数据库和美国农业部数据的计算。

注：人均GDP跨国分组根据173个国家数据的平均数计算得来。农业总产出按照2004—
2006年不变美元计算。农业劳动力指在农业中从事经济活动的人口数量。

　　缩小城乡收入差距需要实现农业现代化以提高农业劳动生产率。农业机
械化的发展令人瞩目。2016年，大型拖拉机和联合收割机的数量大约增长

至2000年的7倍。实现农业现代化的重要途径是创造规模经济。中国的平均农业规模较小（OECD，2015），大型农业可以实现机械化生产，提高劳动生产率。土地流转是被高度鼓励的做法，土地流转即土地使用权出租，可以加快农业整合，同时农民可以保留土地权作为一种社会保障。2007—2016年中国的土地流转量从4亿平方千米提高到32亿平方千米。农村合作社对发展偏远贫困地区的规模经济尤为有效，因为这些地区的农民无法负担土地使用预付费，外地人对使用这些地区的土地也不太感兴趣。放宽土地使用限制也能使农业受益。比如说，粮食生产更适合在大片农田中进行，但有些情况下小块农田承担了粮食生产功能，这样农民就没有多少收益，资源也没有得到充分利用。允许农民调整土地用途将在保障粮食安全的同时提高农业生产率。

融资渠道窄也限制了农业生产率的提高。目前，中国正在部分地区试点，允许将土地使用权作为抵押物，此举将增加农民的融资渠道。然而，为了有效抵押土地使用权以获得农业贷款，需要建立运营良好的土地使用权市场。没有土地使用权市场，银行可能还是不愿接受土地使用权作为抵押物，因为一旦农民丧失赎回权，银行最终需要持有土地使用权。

农业现代化需要城镇化的配合发展，因为随着现代化水平的提高，农业所需的农民数量将越来越少，部分农民将从农村流向乡镇和城市。随着服务业等行业就业机会的增加，也有一部分农民将在农村附近找到非农工作。建立以培训为基础的职场培训体系将帮助年轻人更好地适应职业变化，以备不时之需，这在2015年的中国经济调查报告（OECD，2015）中也曾提到。此外，更加普遍的终身学习将便于劳动力从第一产业过渡到第二、三产业。当前的五年计划以提高乡村旅游业的专业性为目标，不断提高乡村旅游业的专业性有助于劳动力市场吸收农业部门的过剩人口，减少对农业部门的依赖。发展农村地区的食品加工业是提高生产率和农村收入的另一种方式。中国的经验表明，人均收入水平越高的地区对第二、三产业的依赖程度越高（如图3-18所示）。

人均GDP（千元人民币）

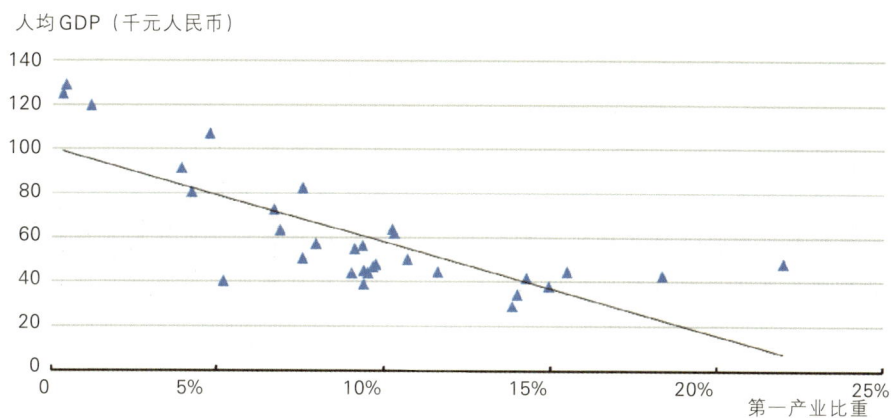

图3-18 2017年第一产业占GDP的比重以及人均GDP

来源：OECD基于CEIC数据库的计算。

改善农村公共服务将增加福利和提高生产率

缩小城乡差距也需要改善公共服务，特别是基础设施、卫生和教育服务，这不仅将增加农民福利，还将提高劳动生产率。近年来，大规模公共投资显著改善了农村的道路基础设施。然而，农村仍需大规模投资道路建设，特别是村级道路（如图3-19所示）。一些村庄间仍然由土路相连，阻碍了商品流通。将农村道路与铁路网络相连可以提高农民的流动性，从而增加农村收入。上述网络应由省级政府建设，如果是省间网络则应由中央政府建设，因为道路网络的外部效应巨大。考虑到约1/4的农村道路需要中等或高度修缮，因而也不能忽视对道路的维护。污水和废水处理领域也需要更多的投资。2016年，西藏自治区拥有独立污水处理设备的厕所的可及率仅为40%，其他9个地区也均低于70%。考虑到竞争优势、公平和环境的可持续性，公共投资选择应与更广泛的发展战略相联系（OECD，2014b）。

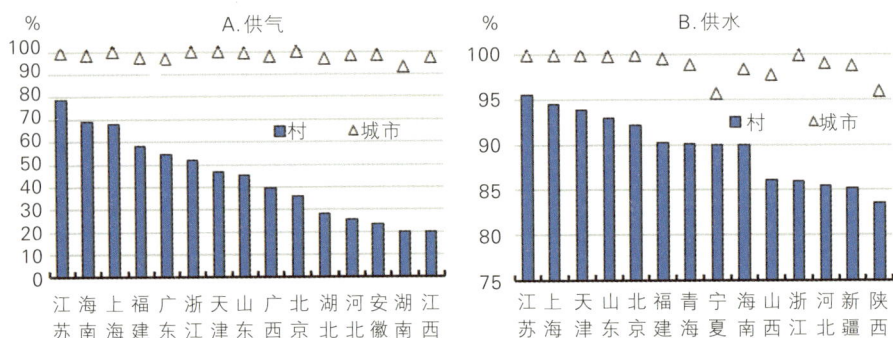

图3-19 2017年管道煤气和供水可及率

来源：2017年《中国城市建设统计年鉴》，2017年《中国城乡建设统计年鉴》。

近年来农村教育水平大幅提高，大多数适龄儿童的入学率和教育基础设施质量达到了与城市相当的水平。农村教育的质量也在改善。比如说，目前农村和城市教育基础设施的标准已统一。此外，农村教师可以获得补贴、加薪和其他福利，且教师晋升前须在农村学校工作满规定时间。教育部和财政部共同努力，将在2020年前招募1万名退休教师到农村工作。由于农村教师的质量仍然落后，因而还需采取更多行动。此外，需要更加关注儿童入学前这一重要发育阶段的教育（OECD，2017），农村儿童学前教育覆盖率仍然偏低，每个学生的人均公共支出比城市学生低约45%。①

　　农村卫生服务也处于落后状态，特别是医护人员的质量和可及性远远落后于城市（如图3-20所示），农村医护人员通常学历较低，缺少正式行医资格。虽然合格执业医师的数量正在增加，但如何有效地激励更多的合格医务人员到农村工作仍然是一个挑战。部分地区采用的将农村工作经历与职业晋升挂钩可能是个有效的激励措施。另一个有效措施是医师互换，即每周或每两周城市和农村医师互换工作场所。这一措施既可以使农村享受尖端医疗服务，又能促进农村医师改善技能，增加知识储备。然而，目前仅城市周边日常交通往来便利的地区才能与城市每日互换医师。如果将互换时间由几天增加到几周（如每两个月互换一周），则医疗条件更落后且更为偏远的地区也能从这一措施中受益。

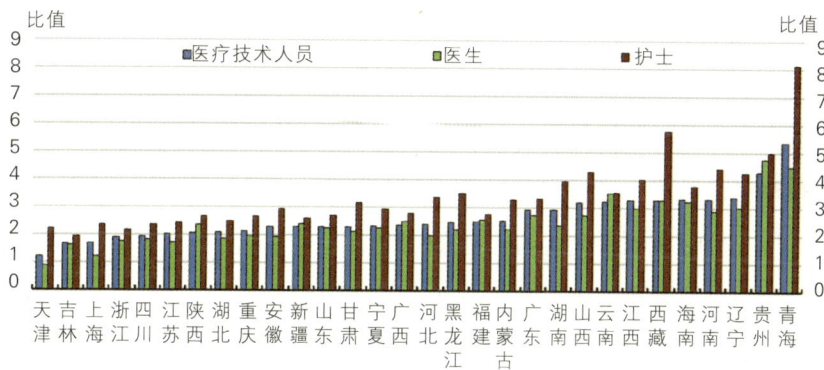

图3-20　2017年各地城市与农村人均医务人员之比

来源：《2018中国统计年鉴》。

注：图中数据涉及各级医疗机构。

----

① 城乡早龄学生人均支出比较结果是基于《2017教育经费统计年鉴》中农村学生人均支出及总体学生人均支出数据计算而来。此处统计假定0~14岁农村儿童数量占农村儿童总量的比例与3~6岁农村儿童占农村儿童总量的比例相同。

挖掘地区潜力的建议

废除地方保护以统一产品市场：

● 加强法治，限制行政部门的权力，防止产生行政性垄断。

● 颁布清晰、具体的实施细则，限制执行部门对相关政策的自由裁量权。明确行政部门行使相关职责的时限，对延期的部门进行处罚。

● 明确破除行政性垄断的机制，确定对行政主体出现不服从规定情况时的制裁措施。加强反垄断执法的独立性，确保执法基于规则并且公开透明。

● 消除原告需证明行政部门滥用权力的重担。

● 加强对举报者的保护以揭发并纠正更多地方保护行为。

● 招标文件需经竞争监管部门审核以规避任何阻碍竞争的潜在条款的出现。

● 确保环境和其他服务中的技术中立原则以促进创新并创造竞争性市场。

● 提高公共采购透明度并向所有企业开放。所有超过固定界限的购买行为需按政府采购程序进行，对不按相关流程进行采购的涉事人员加大处罚力度。固定界限以下的采购也需保证过程透明。

通过提高公共服务供给统一劳动力市场：

● 重新分配高质量资源，提高全国公共服务的可及性和质量，降低劳动力向超大城市转移的意愿。

● 扩大农村儿童学前教育机构的覆盖率，提高入学率。

● 有效执行高质量人员农村轮值机制，提高农村高质量教师和医务人员的数量。比如说，城市医务人员在农村轮值的时间从每次一天增加到每次一周或一个月，使更偏远的地区也能受益。

● 建立郊区铁路网，将城市与周边农村地区进一步融合。增加并改善农村道路，把农村整合至城市商业网络，允许农村居民在农村和城市间日常往返工作。

● 逐步放开对非户口持有者享受公共服务的限制，将公共服务与户口脱钩。

● 在国家层面上统一养老保险体系，确保养老金的可接续性，提高养老保险系统的财务可持续性。

提高区域公平和效率：

● 重点支出项的资金筹集统归中央以改善全国高质量公共服务的可及性。

● 进一步缩小财政支出的地区间差距，如通过分级分税制。

● 对大规模基础设施项目进行全面成本效益分析，提高公共投资的透明度。

● 特色小镇等举措应更加基于市场需求，避免过度照搬已经成功的特色小镇的做法。

3.4　参考文献

Ansar A，Flyvbjerg B，Budzier A，et al. Does infrastructure investment lead to economic growth or economic fragility? Evidence from China[J/OL]. *Oxford Review of Economic Policy*，2016，32（3）. https：//academic.oup.com/oxrep/article-pdf/32/3/360/6721025/grw022.pdf.

Bai，X.，W. Yan and Y. Chiu（2015），"Performance evaluation of China's Hi-tech zones in the post financial crisis era — Analysis based on the dynamic network SBM model"，China Economic Review[EB/OL]，https：//ac.els-cdn.com/S1043951X15000541/1-s2.0-S1043951X15000541-main.pdf?_tid=522e2f0c-5b76-4c96-bb87-ff5253a6-1588&acdnat=1548773558_132e15d99b9e10bc7488573282df579c.

佚名. 2017年春运迁徙总结报告[R/OL].2017. http：//wiki.lbsyun.baidu.com/cms/2017_migration_summary_report.pdf.

Chan，G.Y.M（2009），"Administrative monopoly and the Anti-Monopoly Law：An examination of the debate in China"，*Journal of Contemporary China*，Vol. 18（59），DOI：10.1080/10670560802576026.

陈劲. 特色小镇智慧运营报告：顶层设计与智慧架构标准[M]. 北京：社会科学文献出版社，2018.

陈平，方羚，李静. 地方保护主义对我国资本配置效率的影响研究[J]. 大珠三角论坛，2016（1）；11-30.

程杰. 农村劳动力转移就业潜力与趋势研究[R]. 北京：中国社会科学院人口与劳动经济研究所，2016.

Horton，T.J.（2016），"Antitrust or industrial protectionism?：Emerging international issues in China's Anti-Monopoly Law enforcement efforts"，*Santa Clara Journal of International Law*，Vol. 14（1）. http：//digitalcommons.law.scu.edu/scujil/vol14/iss1/6.

Hou Z. and D. Zhang（2017），"Health insurance coverage and inpatient services choice among rural-to-urban migrants from a nationwide cross-sectional survey in China：does location matter?"，*The Lancet*，Vol. 390，https：//www.sciencedirect.com/science/article/pii/S0140673617331653.

Huang，Y.（2008），"Pursuing the second best：The history，momentum and remaining issues of China's anti-monopoly law"，*Antitrust Law Journal*，Vol. 75（1），https：//www.jstor.org/stable/27897571?seq=1#page_scan_tab_contents.

Huang，Z.，and Z. Pan（2017），"Improving migrants' access to the public health insurance system in China：A conceptual classification framework"，Asian and Pacific Migration Journal, Vol. 26(2), 274-284, http://journals.sagepub.com/doi/pdf/10.1177/0117196817705779.

李善同，侯永志. 中国区域协调发展与市场一体化[M]. 北京：经济科学出版社，2008.

Li, S., J. He and H. Zhang (2018), "Regional divergence in China: The perspective of value chain", unpublished manuscript.

Molnar, M., T. Chalaux and Q. Ren (2017), "Urbanisation and household consumption in China", *OECD Economics Department Working Papers* 1434, OECD Publishing, Paris, https://www.oecd-ilibrary.org/economics/urbanisation-and-household-consumption-in-china_d8eef6ad-en.

Molnar, M., B. Wang and R. Gao (2015), "Assessing China's skills gap and inequalities in education", *OECD Economics Department Working Papers* 1220, OECD Publishing, Paris, https://www.oecd-ilibrary.org/economics/assessing-china-s-skills-gap-and-inequalities-in-education_5js1j1805czs-en.

Müller, A. (2016), "Hukou and health insurance coverage for migrant workers", *Journal of Current Chinese Affairs*, Vol. 45(2), https://journals.sub.uni-hamburg.de/giga/jcca/article/download/964/971.

OECD (2018), Productivity and Jobs in a Globalised World: (How) Can All Regions Benefit?, *OECD Publishing, Paris*, http://dx.doi.org/10.1787/9789264293137-en.

OECD (2017), *OECD Economic Surveys*: China, OECD Publishing, Paris, https://doi.org/10.1787/eco_surveys-chn-2017-en.

OECD (2016), *OECD Regional Outlook* 2016, OECD Publishing, Paris, https://doi.org/10.1787/9789264260245-en.

OECD (2015), *OECD Economic Surveys*: China, OECD Publishing, Paris, http://dx.doi.org/10.1787/eco_surveys-chn-2015-en.

OECD (2014a), *Perspectives for Global Development*, OECD Publishing, Paris, https://www.oecd-ilibrary.org/development/perspectives-on-global-development-2014_persp_glob_dev-2014-en.

OECD (2014b), *Recommendation of the Council on Effective Public Investment across Levels of Government*, OECD Publishing, Paris. http://www.oecd.org/regional/regional-policy/Principles-Public-Investment.pdf.

OECD (2006), *Challenges for China's Public Spending - Toward greater effectiveness and equity*, OECD Publishing, Paris, http://www.oecd.org/china/challengesforchinaspublicspendingtowardgreatereffectivenessandequity.htm.

Schneider, J.S. (2010), "Administrative monopoly and China's New Anti-Monopoly

Law: Lessons from Europe's State Aid Doctrine", *Washington University Law Review*, Vol. 869. http://openscholarship.wustl.edu/law_lawreview/vol87/iss4/5.

Sheng, H., N. Zhao and J. Yang (2015), *Administrative Monopoly in China-Causes, Behaviours and Termination*, World Scientific Publishing, Singapore.

孙早,杨光,李康.基础设施投资促进了经济增长吗——来自东、中、西部的经验证据[J].经济学家,2015(8):73-81.

Wang, J. (2013), "The economic impact of Special Economic Zones: Evidence from Chinese municipalities", *Journal of Development Economics*, Vol. 101. https://editorialexpress.com/cgi-bin/conference/download.cgi?db_name=NASM2011&paper_id=239.

Wang, J. "The economic impact of Special Economic Zones: Evidence from Chinese municipalities", *Journal of Development Economics*, 2013, Vol. 101. https://editorialexpress.com/cgi-bin/conference/download.cgi?db_name=NASM2011&paper_id=239.

王震.人口流动与养老金地区差距:基于回归的不平等分解[J].劳动经济研究,2017(1):62-83.

World Bank (2005), *Integration of National Product and Factor Markets—Economic benefits and policy recommendations*, World Bank Publishing, Washington D.C., https://openknowledge.worldbank.org/bitstream/handle/10986/8690/319730rev1CHA.pdf?sequence=1&isAllowed=y.

Wu, R., D. Yang, J. Dong, L. Zhang and F. Xia (2018), "Regional inequality in China based on NPP-VIIRS night-time light imagery ", *Remote Sensing*, 2018 Vol. 10(240). doi: 10.3390/rs10020240.

Wu, Y., Y. Chen, X. Deng, and E. C. Hui (2018), "Development of characteristic towns in China", *Habitat International*, Vol. 77, https://www.sciencedirect.com/science/article/pii/S0197397517309475.

Zheng, B. (ed.). *China Pension Actuarial Report 2018-2022*[M]. Beijing: China Human Resources and Social Security Publishing, 2018.

对地区差距的多维度判断

中国各地区人均收入水平差距显著，从中等偏下收入到高收入不等。西部省份，如甘肃、云南或贵州属于中等偏下收入地区，而直辖市，如北京、上海和天津则属于高收入地区（如图 A-1 所示）。2017 年，就以美元现价计算的人均 GDP 而言，甘肃与安哥拉相当，云南与伯利兹相似，而贵州与伊朗差不多。北京与上海的人均收入水平接近希腊，天津接近立陶宛。

与较发达地区（横轴以上的地区）间的收入差距反映出不发达地区劳动力的人均产出较低。总体来看，中国的劳动力参与率较高，即便与 OECD 国家相比也较高。云南、西藏、广西、安徽和河南的收入差距大，但劳动力参与率却高于平均值，这表明上述地区的劳动生产率更低。劳动力参与率不同不仅表明各地区劳动力参与程度和就业率不同，更重要的是，它显示了各地区人口结构差异显著。事实上，中国人口结构存在广泛差异，西藏或广东的人口几乎与印度人口一样年轻，而重庆、四川和江苏的人口老龄化程度甚至比韩国还严重（如图 A-2 所示）。中国人口结构分化严重，一方面是由不同的人口自然增长率（农村和少数民族地区很早就不再执行独生子女政策）和不同的寿命造成的，另一方面也与民众向富裕地区流动有关。

各省份自然禀赋各异：有些省份易受洪水侵袭，有些省份常常遭遇旱灾。整体上，北部和西部地区较为干旱，南部和东部地区较为湿润。人口密

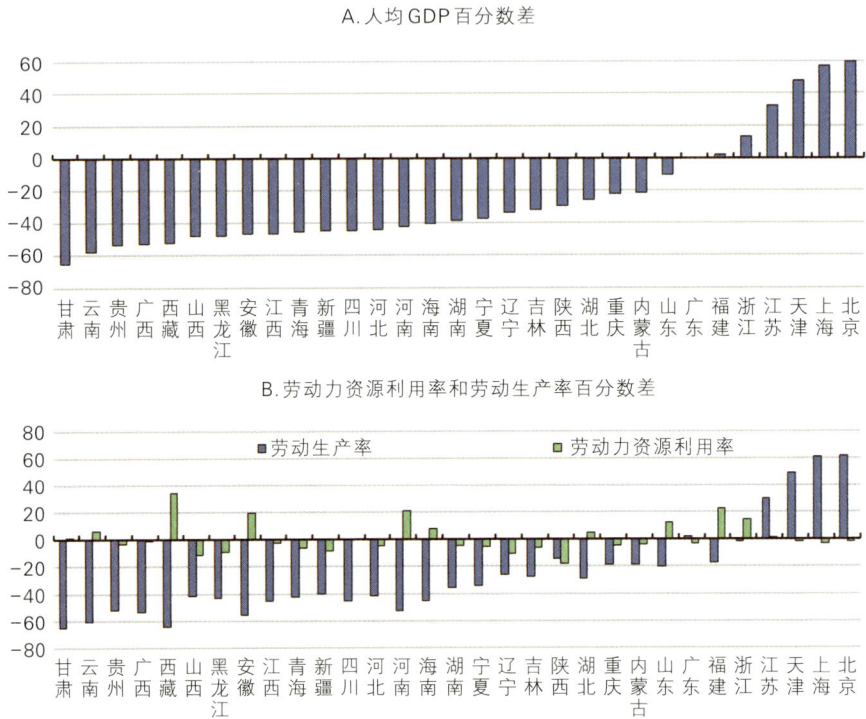

A. 人均GDP百分数差

B. 劳动力资源利用率和劳动生产率百分数差

图A-1 中国各省份人均GDP、劳动生产率、劳动力资源利用率与

中国前50%省份平均水平的比值（2017）

来源：OECD基于CEIC数据库的计算结果。

注：本文采用常住人口数据计算人均GDP。因数据分解涉及乘法计算，劳动力利用率和劳动生产率百分比差的合计数据略微不同于人均GDP之差。劳动生产率即GDP除以就业总人数。劳动力资源利用率即劳动力人均就业人口。

度差异在很大程度上反映了地理禀赋的不同：中国有1/4的省份人口密度甚至高于在OECD国家中人口密度最高的韩国，而其他省份人口密度甚至低于美国（如图A-3所示）。制造业，尤其是劳动密集型制造业分布在人口密度

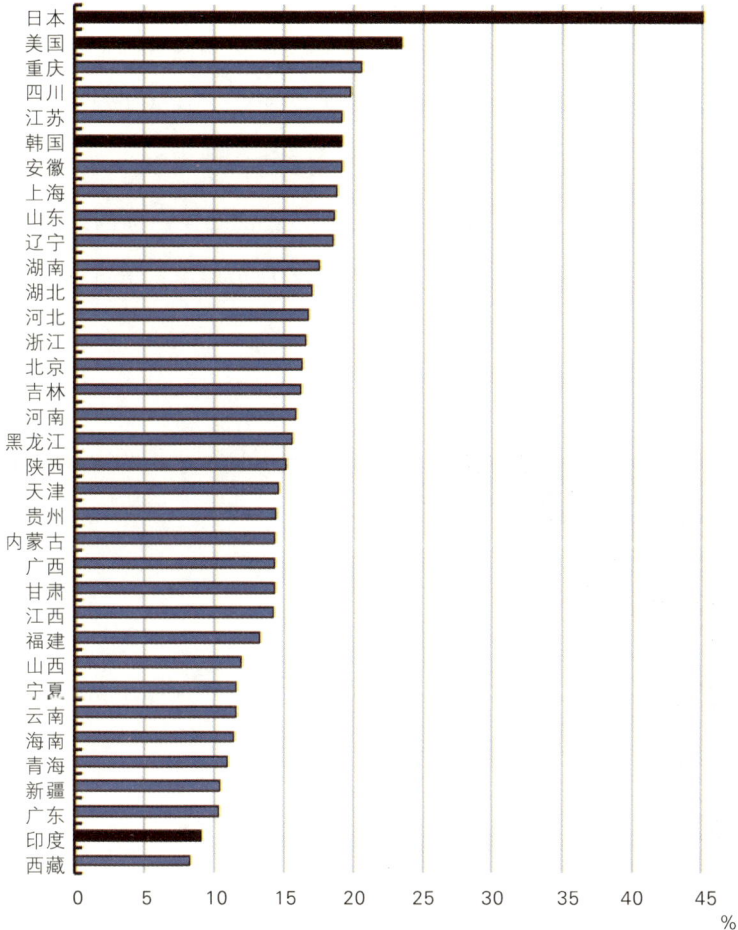

图 A-2　2017 年各地区 65 岁以上人口与 15~64 岁人口数量之比

来源：CEIC 及世行世界发展指标数据库。

大的地区，资源密集型产业分布在资源丰富的地区，农业相关产业分布在土地肥沃且土地供应充足的地区。自然禀赋在一定程度上促进了沿海省份更多地参与国际贸易，更好地融入全球价值链，这一点尤其体现在京津冀、长江

三角洲和珠江三角洲三大区域上。长江三角洲出口业主要依赖国内附加值
（尤其依赖邻近省份，如安徽），珠江三角洲主要依赖国外附加值，与其他省
份在价值链上的联系较少（Li et al.，2018）。实际上，虽然有一些中国最大
的创新型企业分布在珠江三角洲，但这些创新中心的周围并没有集聚高生产
率区域（OECD，2017，2014a）。相比之下，长江三角洲周围的高生产率地
区却出现了人口密度较高的城市。这种外溢效应可能由价值链连接产生。

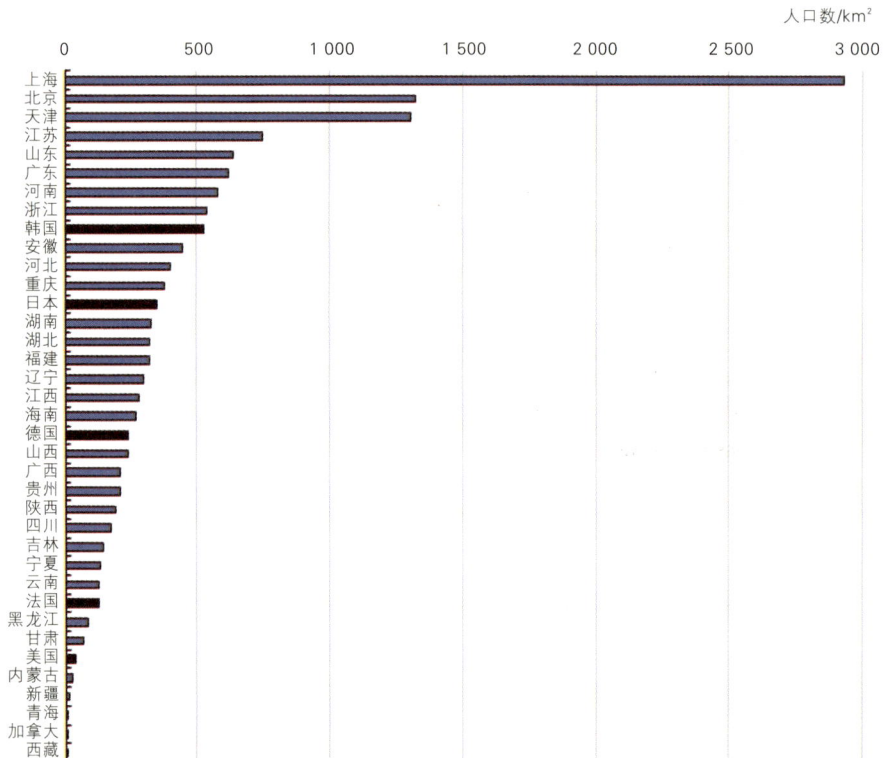

图A-3　2017年中国省份的人口密度与外国比较

来源：OECD基于CEIC及世行世界发展指标数据库的计算。

　　各省份发展动能不尽相同，这一点不足为奇。第三产业是国家层面的重要发展动能，也是大多数省份的重要发展动力，但许多省份（主要是西部和中部省份）的发展在很大程度上仍然依赖工业产业。在需求侧，消费已经成为大多数省份的主要发展动能，尽管有些省份（主要是西部省份）更依赖投资（如图A-4所示）。此现象与这些省份的低股本相关，说明投资可以成为缩小区域差距的重要方式。总体来看，在过去数年间，低人均收入省份的投资增长率更高。然而对投资依赖度高的省份增长却大幅放缓（Li et al.，2018）。处于地区收入分配两端的省份的快速投资增长很大程度上受房地产的影响，这些省份的一端是上海、广东和浙江，另一端是西藏、贵州和海南。在衰退的东北老工业基地省份（黑龙江和辽宁）以及盛产煤矿的山西省，固定资产投资增长消极的主要原因是制造业投资的减少。

　　虽然各地自然禀赋各异，但人均收入地区差距仅在过去数十年里才变得尤为突出。改革开放时，中国更加注重促进增长和提高效率，地区不平衡问题没有受到关注。但随着地区差距的不断扩大，中国政府开始采取一系列措施促进地区发展。近期，中国区域间和区域内差距总体上都有所缩小，尽管按夜间灯光数据计算，省级差距扩大了（Wu et al.，2018）。

A.2017年供给侧

■第一产业　■第二产业　■第三产业

B.2016年支出组成部分

■最终消费　□资本形成总额　■商品及服务净出口

贵州
西藏
云南
重庆
江西
安徽
四川
福建
湖南
陕西
河南
湖北
宁夏
浙江
新疆
广东
山东
青海
江苏
山西
海南
上海
广西
北京
河北
黑龙江
吉林
辽宁
天津
甘肃
内蒙古

-1　1　3　5　7　9　11
%

-15 -10 -5　0　5　10　15　20
%

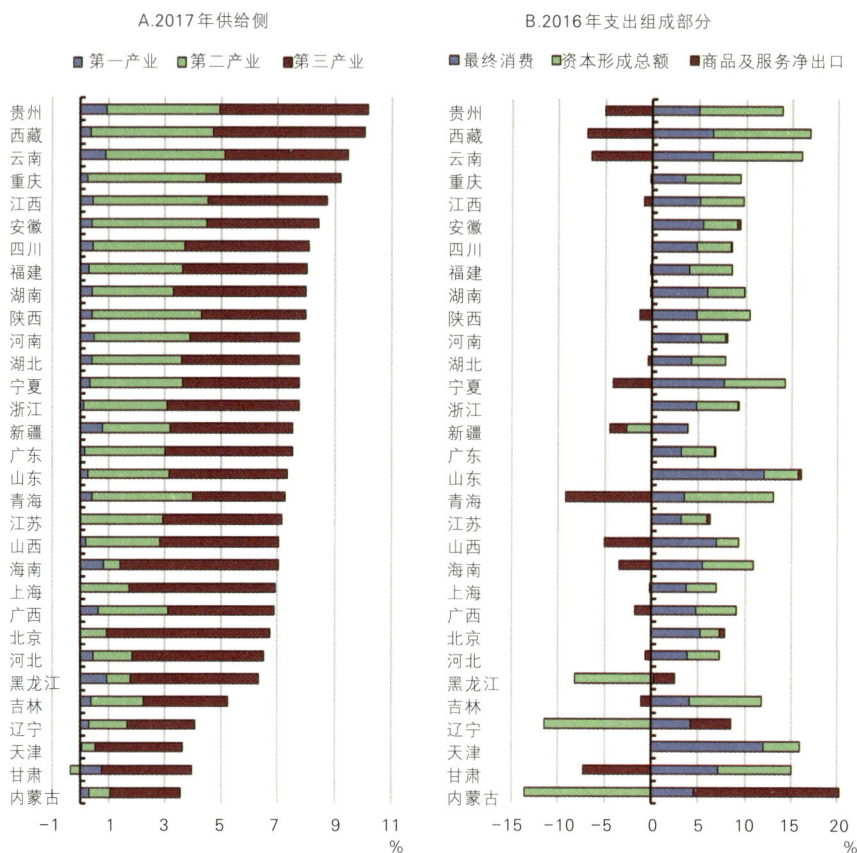

图A-4　各省份发展动能各异

来源：省级统计局年鉴。

注：对于湖北省，使用供给侧数据的贡献比例重新计算了其支出各组成部分的情况。

三大战略

　　三大战略覆盖了一批十分多样化的区域，其中京津冀经济权重最低，但按人均收入水平计算却最富有。长江经济带以及"一带一路"倡议的国内部分在经济体量和人均收入方面很相似。按出口占GDP比重计算，长江经济带和"一带一路"倡议国内部分涉及的地区比京津冀地区更为开放。相比另外两大战略的覆盖区域，长江经济带地区投资略高，其大型企业的盈利水平也更高（如图B-1所示）。

　　"一带一路"倡议主要作为一个旨在升级多国基础设施网络的倡议闻名世界，但实际上，"一带一路"倡议的内容远不止基础设施投资，其中还包含中国国内发展的重要维度。"一带一路"沿线的18个省份大部分位于中国西部和东北地区，这些省份的发展落后于发达省份。该倡议已经通过促进其框架下的贸易和投资推动了沿线省份内边境城镇的发展和繁荣。西部和北部的边境省份通过与其他倡议沿线国进行政策（包括减灾战略、生态保护、环保和创新等领域的政策）对接，将成为倡议的主要受益方。

　　京津冀地区，即北京、天津和河北，差异巨大（如图B-2所示）。加强区域内一体化、促进规划的协调性将有助于发展相对优势（例如，北京生产率高，河北劳动力价格低），应对相对劣势（如，北京交通拥堵、房价高）。目前，该倡议下规模最大的独立项目是在距北京市100千米外建立的雄安新

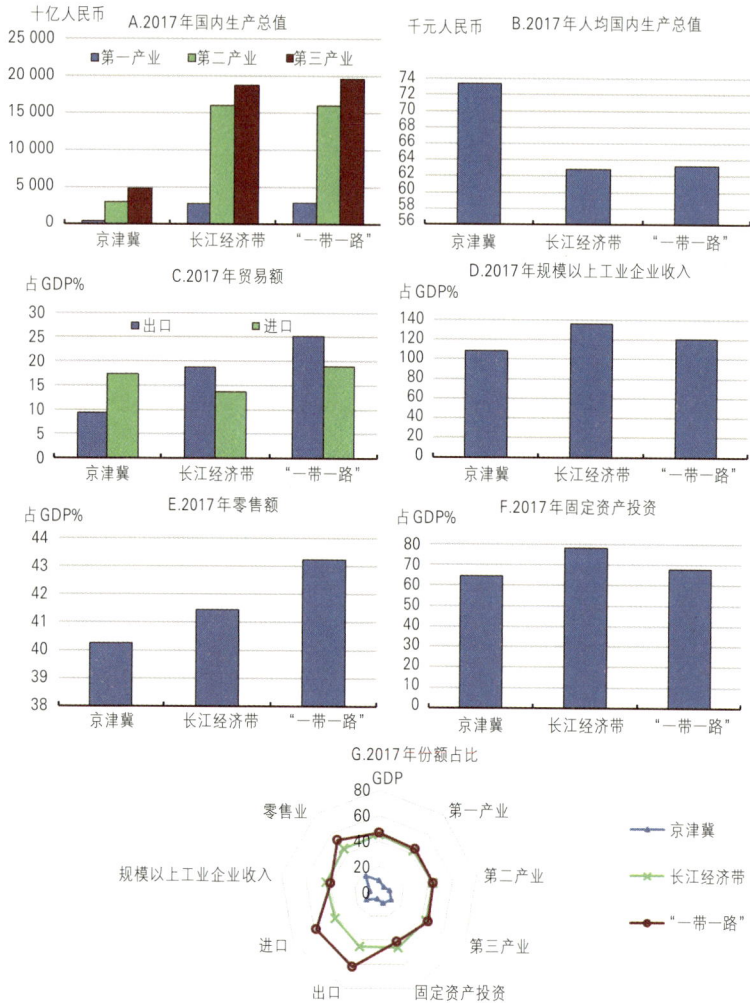

十亿人民币　A.2017年国内生产总值

■ 第一产业　■ 第二产业　■ 第三产业

千元人民币　B.2017年人均国内生产总值

占GDP%　C.2017年贸易额

■ 出口　■ 进口

占GDP%　D.2017年规模以上工业企业收入

占GDP%　E.2017年零售额

占GDP%　F.2017年固定资产投资

G.2017年份额占比

京津冀　长江经济带　"一带一路"

图B-1　区域发展的四大板块涵盖了多元化的区域

来源：OECD根据《中国统计摘要》（2018）及CEIC数据库计算所得。

注：京津冀包括北京、河北、天津，长江经济带包括上海、江苏、浙江、安徽、江西、湖北、湖南、重庆、四川、云南、贵州，"一带一路"倡议包括重庆、福建、甘肃、广东、广西、海南、黑龙江、内蒙古、吉林、辽宁、宁夏、青海、陕西、上海、西藏、新疆、云南、浙江。固定资产投资也包括购买固定资产。

区。雄安新区建成后，许多重要机构将从北京搬出，包括政府机构、银行、医院、大学和企业总部等。新区有望整体容纳200万~300万人口。这一宏伟的计划旨在降低北京的拥堵率，创造新的科技和金融中心，同时将高生产率、高收益产业移动到不太富裕的省份以缩小区域间的差距。该计划将产生进一步连锁反应，新区将提供与北京相同的公共服务标准，因而会吸引教师、医生等高标准服务提供者，进而缩小地区差距。和其他新区一样，雄安将通过政府与民营部门合作的形式吸引民营部门投资。然而，面对目前去杠杆和财政紧缩的形势，民营部门投资者可能先要确定盈利后再决定是否投资，因而可能采取观望态度。为进一步缓解首都拥堵、分散市中心经济活动，部分市级机构被搬到北京的通州区。搬到通州的公务员对素质教育、预备学校和其他与子女相关的配套设施有较高的需求，将会促进当地民营部门的蓬勃发展，为其提供相关服务。

然而，除了雄安新区项目，有迹象表明，目前增加一体化这一方式的效益有限，且侧重于规模相对较小的项目。实际上，增强省间协调性绝非易事，因为即使是协调省内各辖区和县市也面临不小的困难。这些战略和行动需重点关注基础设施一体化发展等大规模项目才能获得显著效益。中央政府可能需要扮演更重要的协调角色。

长江经济带发展战略是三大重点战略之一，该经济带覆盖上海、江苏、浙江、安徽、江西、湖北、湖南、重庆、四川、云南、贵州等11个省市。长江经济带范围占中国领土的21.4%，占中国40%的人口及产出。经济带内地区间的贫富差距很大。因此，长江经济带内的相对优势也可以创造巨大的效益。该战略旨在加强区域协调性和信息共享，并通过实行大量交通项目提高区内连通性。长江经济带战略于2014年启动，现在评估成效还为时尚早，

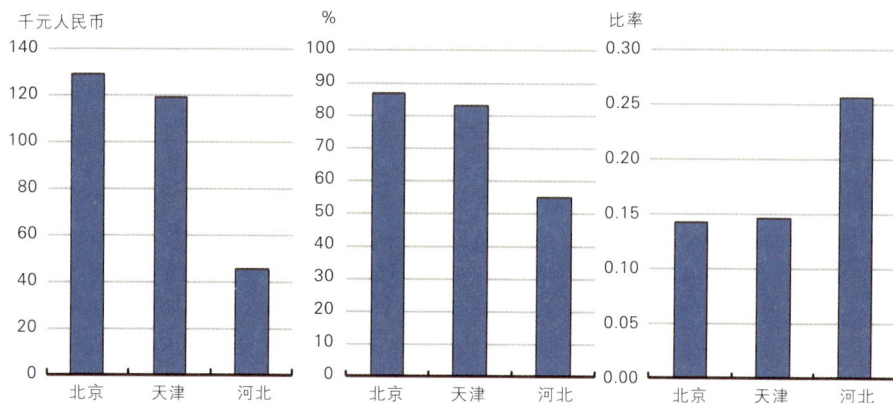

图 B-2　2017年京津冀地区人均GDP、城镇化率及少儿人口抚养比

来源：CEIC数据库。

注：人均GDP和基于居住地的城镇化率为2017年数据，少儿人口抚养比为2016年数据。少儿人口抚养比为0~14岁人口的数量除以15~64岁人口的数量。

但考虑到该区域规模大且涉及众多省份和城市，因而可以推测到未来该区域需要中央政府的大力支持，以有效协调各方。

四大板块

西部大开发、东北振兴和中部崛起的战略覆盖中国大部分区域和人口。东部地区经济体量更大且人均收入水平显著高于其他区域（如图C-1所示），并且从改革开放中获益，促使中央政府提出以上区域发展战略帮助其他三大区域追赶东部地区。

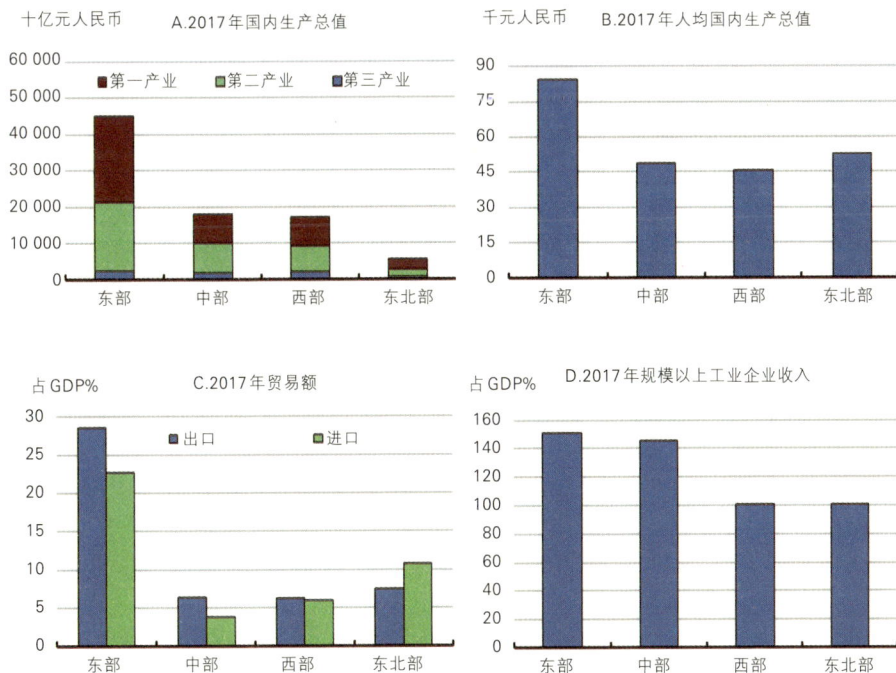

十亿元人民币　　A.2017年国内生产总值

千元人民币　　B.2017年人均国内生产总值

占GDP%　　C.2017年贸易额

占GDP%　　D.2017年规模以上工业企业收入

续图

占 GDP%　　E.2017年零售额

占 GDP%　　F.2017年固定资产投资

G.2017年份额占比

● 东部　　■ 中部　　● 西部　　● 东北部

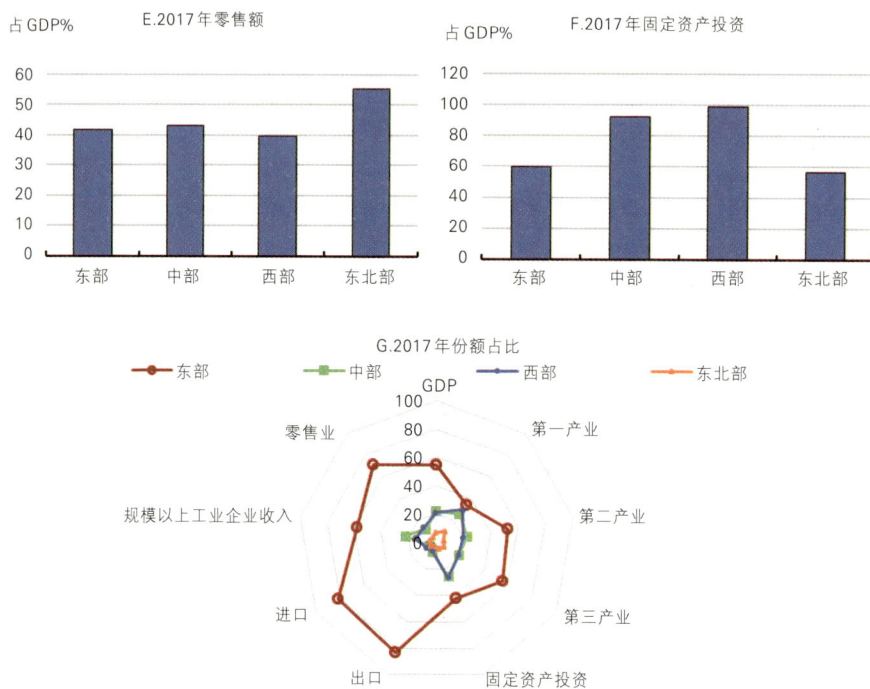

图 C-1　2017年中国各地区的比较

来源：OECD基于《2018中国统计年鉴》及CEIC数据库的计算。

注：中部地区包括安徽、河南、湖北、湖南、江西、山西，东部地区包括北京、福建、广东、海南、河北、江苏、山东、上海、天津、浙江，东北部地区包括黑龙江、吉林、辽宁，西部地区包括重庆、甘肃、广西、贵州、内蒙古、宁夏、青海、陕西、四川、西藏、新疆、云南。固定资产投资也包括购买固定资产。